Dorothea Gerardis-Emisch

Kontakte
mit Körperzellen

G. Reichel Verlag

© copyright 2002   G. Reichel Verlag
Reifenberg 85
91365 Weilersbach
Germany
Tel: 09194-8900, Fax: 09194-4262

Internet: www.reichel-verlag.de
e-mail: info@reichel-verlag.de

Umschlag Gestaltung: Stephan Huber

Alle Rechte vorbehalten. Kein Teil dieses Buches darf in irgendeiner Form oder durch elektronische oder mechanische Mittel einschließlich Datenspeicherung und Abrufsysteme ohne schriftliche Genehmigung des Verlags reproduziert werden, außer für kurze Zitate im Rahmen kritischer Artikel oder Besprechungen.

ISBN 3-926388-62-5

Meinem Mann

und meinen Söhnen gewidmet

und allen Wesen,

die bereit sind,

Liebe anzunehmen

und Liebe zu geben.

Inhaltsverzeichnis

Vorwort	6
Einführung	8
Die Körperzellen als Wesen	11
Wie ich den ersten Kontakt zu menschlichen Körperzellen bekam	12
Das Kollektivbild der Körperzellen	15
Der Energiekörper der menschlichen Körperzellen	18
Die Sichtbarkeit der Gefühle eines Wesens in seinem Energiekörper	20
Der erste Kontakt mit meinen eigenen Köperzellen	22
Fallbeispiele von Kontakterlebnissen mit Körperzellen	26
Spirituelle Entwicklung und Liebesenergie	34
Der Liebesenergieimpuls als Auslöser mentaler Kontaktaufnahme	37
Die inneren Voraussetzungen für die Kontaktaufnahme mit Körperzellen	40
Die äußeren Voraussetzungen für die Kontaktaufnahme mit Körperzellen	43
Die Kontaktaufnahme mit den eigenen Körperzellen	45
Die Kontaktaufnahme mit fremden Körperzellen	53

Der Gewinn durch den Körperzellenkontakt für die
eigene Person, den Patienten und die Zellen 59

«Ich bin Göttliches Sein» 62

Energieübertragung 66

Die Bewegung der Energiestrahlen beim Aufladen
und Ausleiten und die Regulierung der Zeitdauer
der Behandlung 68

Die Drehung der Energiewirbel im menschlichen Körper 71

Übungen zur Stärkung der Konzentration 73

Übungen zur Stärkung der Liebesenergie 75

Nachwort 81

Epilog 83

Anhang 85
   Eine wissenschaftliche Betrachtung
   menschlicher Körperzellen **85**
   Literaturnachweis **93**
   Über die Autorin **94**

Vorwort

Vor etwa neun Jahren erlebte ich meinen ersten Kontakt mit menschlichen Körperzellen. Inzwischen sind die Kontakte mit den Körperzellen längst ein fester Bestandteil meiner Therapieprogramme geworden.

Mit diesem Buch möchte ich den Leser an meinen Erfahrungen mit den Körperzellenkontakten teilhaben lassen und gleichzeitig in ihm das Interesse wecken, selber Kontakte mit den eigenen Zellen oder den Körperzellen anderer Menschen aufzunehmen.

Für mich bedeutet die Erfahrung des Körperzellenkontaktes, über die Erlebnisse mit den Zellen hinaus, eine Erweiterung meines Bewusstseins und eine Lehre, die den Themenbereich weit überschreitet.

Der Kontakt mit den Körperzellen ist für mich jedes Mal ein neues Erlebnis und ein neues Wunder. In Wirklichkeit aber gibt es ebenso keine Wunder, wie es auch keine Zufälle gibt. Alles unterliegt einfachen Gesetzmäßigkeiten. Was uns wie ein Wunder erscheint, beruht auf dem Wirken von Energie; vor allem Liebesenergie. Sie ist der Auslöser von Handlungen und Geschehnissen, die manchmal den gewohnten Rahmen des Möglichen zu sprengen scheinen.

Liebe, bedingungslose Liebe, macht mehr möglich, als sich unsere Schulweisheit träumen lässt. Eine dieser Möglichkeiten ist der Kontakt mit den Körperzellen.

Einführung

Jedes Wesen wird von den Erfahrungen geprägt, die es in seiner Umwelt macht. Je mehr es durch besondere Umstände gefordert wird, desto größer ist der Schatz seiner Erkenntnisse und seiner Möglichkeiten.

Dem Menschen ist es möglich, Einblicke in andere Welten zu erlangen. Er besitzt die Fähigkeit, in die Geheimnisse des Makrokosmos und des Mikrokosmos vorzudringen. Mittels seiner wissenschaftlichen Errungenschaften hat er unter anderem herausgefunden, dass unser Milchstraßensystem nur eines unter Milliarden ähnlicher Galaxien ist. Er verschaffte sich Einblick in den Atomkern und er hat mit der Aufstellung der Quantentheorie eine Grundlage für die Erforschung der physischen und geistigen Gesetze gefunden. Sogar in die Welt der Einzeller ist er vorgedrungen und hat sich Kenntnisse über deren Innenleben und die Funktionen ihrer Organe angeeignet.

Durch Folgerungen aus all diesem Wissen kann man sagen, dass das ganze Universum aus Welten und Wesen verschiedener Größenordnungen besteht, deren Existenzen letztendlich alle auf den gleichen Gesetzmäßigkeiten basieren.

So kann man ein Sonnensystem als Zelle des Universums betrachten, einen Planeten, wie auch unsere Erde, als Zelle eines Sonnensystems, ein Erdenwesen als eine Zelle der Erde u.s.w.

Alle Existenzen im Universum sind Wesen und Welten zugleich. Auch die allerkleinste Existenzeinheit ist Wesen und gleichzeitig Welt; nämlich Lebensraum des Geistes, denn selbst in dem kleinsten aller Wesen ist Geist - Geistigenergie - enthalten.

Die allergrößte Existenzeinheit ist das Universum. Es ist der größte Lebensraum und gleichzeitig Wesen; Wesen im Geist, denn selbst dort, wo das Universum endet, existiert noch Geist. Geist ist das Größte und das Kleinste. Er überragt Raum und Zeit und ist in allen Dimensionen zu Hause. Er ist das Alles und das Nichts. So ist das Alles wie das Nichts und das Nichts wie das Alles. Das Nichts und das Alles sind einander gleich.

Es gibt uralte Beziehungsgesetze in der Natur der physischen Ebenen der Erde und anderer Planeten sowie in der Natur geistiger Ebenen. «Wie oben - so unten» oder «Wie im Großen - so im Kleinen», und umgekehrt, sind Beispiele dafür.

«Wie oben - so unten» ist ein Ausdruck für Beziehungen zwischen geistigen und physischen Ebenen und «Wie im Großen - so im Kleinen» zeigt die Beziehungen von Welten und Wesen innerhalb der physischen Ebenen.

Unser Körper ist die Welt seiner Zellen und die Körperzellen sind wiederum Mikrokosmen.

Auf materieller Ebene sind unsere Körperzellen ein Teil von uns; aber sie sind nicht nur Materie. So wie wir eine Seele besitzen und ein Göttliches Bewusstsein, (dessen sich die Menschen im Laufe ihrer Leben erst wieder bewusst werden müssen) befindet sich auch in den Körperzellen ein Anteil des Göttlichen Geistes.

In jedem Anteil Göttlichen Geistes ist Liebesenergie vorhanden; also auch in den Zellen des menschlichen Körpers. Daher sind unsere Körperzellen fähig, Liebe zu empfangen und Liebe zu geben. Das ist die Basis für die Möglichkeit, mit ihnen Kontakt aufnehmen zu können.

Die Körperzellen als Wesen

Während ich mich in Berlin auf die staatliche Heilpraktikerprüfung vorbereitete und die menschlichen Körperzellen studierte, vertiefte ich mich mehr in diese Materie, als es für mein Stu-
dium erforderlich war. Die Kenntnisse über diese Wesen hatten
in mir Interesse, Achtung, Bewunderung und Liebe hervorgerufen.

Wie wir alle wissen, setzt sich der menschliche Körper aus unzähligen Zellen zusammen. Ein Muskel zum Beispiel, oder mit
anderen Worten, ein Stück Fleisch, besteht aus zahlreichen lebendigen Bausteinen. Betrachtet man diese «Bausteine» unter
einem stark vergrößerndem Mikroskop, so kann man erkennen,
dass die Zellen eigenständige Wesen sind. Fleisch ist also nicht
einfach ein Stück Masse, es ist ein ganzer Staat von Muskelzel-
len.

Der im Anhang angeführte Abriss wissenschaftlicher Kenntnisse
über die Körperzellen des Menschen giebt einen Einblick in das
Innenleben der Körperzellen. Dies soll dem Leser helfen, nach-
zuempfinden, dass jede Zelle ein Wesen ist. Aus diesem Grund
bitte ich dich, lieber Leser, die «wissenschaftliche Betrachtung
über die menschliche Körperzelle» jetzt zu lesen und erst danach
zum nächsten Kapitel überzugehen.

Wie ich den ersten Kontakt zu menschlichen Körperzellen bekam

Mein erster Kontakt mit menschlichen Körperzellen ergab sich während einer Reki-Behandlung. Meine Patientin war eine Cousine von mir, die mir seit meiner Kindheit vertraut war.

Bereits früher, vor meinem ersten Reiki-Grad, als ich die Chakren meiner Cousine mit Energie auflud, ereignete sich etwas Außergewöhnliches: Entgegen der üblichen Angewohnheit, während meiner mental geleiteten Energiearbeit die Augen geschlossen zu halten, schaute ich plötzlich, einem inneren Befehl gehorchend, auf das Wurzelchakra, welches ich gerade behandelte. Ich sah die Energiestrahlen, welche schubweise aus meiner Hand strömten und den an dieser Stelle rotleuchtenden Lichtkörper meiner Cousine. Bei jedem Energieschub vergrößerte sich der rote Energiekörperteil nach außen hin und ging im nächsten Augenblick wieder leicht zurück; etwa so, wie man sprichwörtlich sagt: «Zwei Schritte vor, einen zurück.»

Noch heute sehe ich, wenn ich an dieses Ereignis zurück denke, vor meinem inneren Auge das leuchtende Rot des Lichtkörpers, wie ich ihn damals mit meinen physischen Augen betrachten durfte.

Dieses Erlebnis erschien mir wie ein Geschenk der geistigen Welt, das mir zeigen sollte, wie eine Energieaufladung vor sich geht. Damals ahnte ich nicht, dass zu einem späteren Zeitpunkt, während einer anderen Behandlung meiner Cousine, eine noch größere Gottesgabe auf mich wartete.

Im Gegensatz zu meinen früheren Energiebehandlungen, für die ich mich jeweils zuvor mental zum Kanal machte, und auf die ich dann während der ganzen Energieübertragung meine uneingeschränkte Konzentration richtete, nutzte ich bei meinen Reiki-Behandlungen stets, und von Anbeginn, die Tatsache, dass ich durch die Reiki-Einweihung nunmehr ohne mein Zutun ständig Kanal bin, indem ich mich gleichzeitig anderen mentalen Tätigkeiten widmete.

Eine dieser Tätigkeiten war und ist es auch heute noch, dass ich mich geistig mit der Seele meiner Patienten verbinde. Das geschieht jeweils, indem ich innerlich mit der entsprechenden Seele rede, sie begrüße, ihr sage, dass ich mich für ihr Vertrauen bedanke und mich freue, sie, bzw. den ihr zugehörigen physischen Körper, behandeln zu dürfen, und dass ich sie liebe.

Als ich eines Tages wieder meine Cousine behandelte und mich gerade in der oben beschriebenen Weise mit ihrer Seele verbunden hatte, begann ich plötzlich, wie automatisch und ohne mein willentliches Zutun, mit den Körperzellen meiner Patientin zu sprechen. Ich begrüßte sie und sagte ihnen, dass ich sie liebe.

Dabei übertrug ich ihnen, wie ich es von meinen Seelenkontakten gewohnt war, Liebesenergie.

Völlig unerwartet tauchte vor meinem inneren Auge ein Bild auf, von dem ich sofort wusste, dass es sich dabei um eine Vision der Körperzellen meiner Cousine handelte. Gleichzeitig konnte ich fühlen, was in ihnen vor sich ging. Sie reagierten mit Freude und Zuneigung auf meine Ansprache. Diese positive Reaktion ließ mich intuitiv fortfahren, mit ihnen zu reden. Die Worte strömten ohne jegliche Einwirkung meines Verstandes aus mir heraus.

Ich weiß nicht, wie lange dieser Zellenkontakt gedauert hatte.

Es könnten genauso gut dreißig Sekunden gewesen sein wie fünf Minuten oder noch mehr. So intuitiv, wie ich den Kontakt herbeigeführt hatte, beendete ich ihn wieder, indem ich mich von den Körperzellen verabschiedete. Dabei versprach ich ihnen, mich während der nächsten Behandlung wieder mit ihnen in Verbindung zu setzen.

Anschließend überkam mich ein starkes Glücksgefühl, dem ich mich mit Freuden und Dankbarkeit hingab. Irgendwann schaltete sich mein Verstand wieder ein und ich begann langsam, das Erlebte rational zu verarbeiten.

Das Kollektivbild der Körperzellen

Wenn jemand in diesem Kapitel eine Beschreibung der physischen Gestalt der Zellen erwartet, so muss ich ihn enttäuschen. Das Bild der Körperzellen, welches ich vor meinem inneren Auge zu schauen bekomme, ist nicht wie eins, das man von Abbildungen mikroskopischer Fotoaufnahmen aus medizinischen Lehrbüchern her kennt. Was ich «sehen» kann, ist vielmehr eine Verbildlichung dessen, was in ihnen gefühlsmäßig vor sich geht, sowie ihres Verhaltens und ihres Zustandes. Meine Wahrnehmungen sind als eine Veranschaulichung des energetischen Zustandes der Zellen zu verstehen. Ich sehe ihre Energiekörper.

Meiner inneren Sicht zufolge, reagieren die Körperzellen alle gleich und gemeinsam. Daher nenne ich das Bild, welches ich von ihnen erhalte, ein Kollektivbild. Ich sehe die Zellen dicht neben einander in gleichartigen Bewegungen oder während ihres Ruhe- und Erwartungszustandes in gleicher Körperhaltung. In diese Haltung begeben sie sich z.B., wenn ich ihnen ankündige, dass ich sie mit Energie aufladen werde, sofern ihnen dieser Vorgang schon bekannt ist.

Wenn ich mich zum wiederholten Mal mit den Körperzellen eines Menschen verbinde, gibt es immer eine sehr freudige Begrüßung. Dabei geht es bei den Zellen besonders lebhaft zu. Sie befinden sich in ständigen Bewegungen, welche so aussehen, als kämen sie durch Ausstülpungen ihrer Zellmembrane zustande; und zwar bei jeder einzelnen Körperzelle an drei bis fünf Stellen gleichzeitig. Bei einer dieser Begrüßungsszenen bemerkte ich, dass ich das Bild der Zellen nicht nur wie in physischer Optik von vorne wahrnehme: Ich sehe sie rundherum.

Die eigenartige Entdeckung, die Zellen rundum wahrnehmen zu können, machte ich bei meinem zweiten Körperzellenkontakt. Dabei versuchte ich, mich durch dieses ungewohnte Bild nicht aus der Ruhe bringen zu lassen, um meine volle Konzentration zu behalten, die ich sowohl für den Zellenkontakt, als auch für die Energiebehandlung noch dringend benötigte. So ungewohnt und eigenartig mir auch erscheinen mochte, dass ich die Zellen gleichzeitig von allen Seiten sehen konnte, ich musste annehmen, was sich meinem inneren Auge bot. Ich durfte keinerlei Gedanken darüber in mir aufkommen lassen, da ich damit den Körperzellenkontakt gestört oder gar unterbrochen hätte.

Die oben erwähnten Ausstülpungen werden in ganz kurzen Zeitabständen von gleichartigen Ausstülpungen an anderen Stellen abgelöst. Dadurch kommt das Bild einer dauernden Bewegung zustande. An welchen Stellen die Ausstülpungen erfolgen, ist bei jeder Körperzelle unterschiedlich. Gleich ist hingegen die Art und Weise der Ausstülpungen und der Ausdruck der geschwinden Bewegungen. Gleich sind auch die Reaktionen und Gefühle der Zellen.

Sage ich bei einer Folgebehandlung den Körperzellen, dass ich ihnen nun wieder Energie übertragen werde, so begeben sie sich alle gleichzeitig und auf die selbe Art in ihre Energieaufnahme-haltung. Diese Haltung war bislang bei den Zellen all meiner Patienten gleich. Der einzige Unterschied von Mensch zu Mensch besteht in der Geschwindigkeit der Bewegungen. Diese ist von dem Energiezustand der einzelnen Personen, bzw. ihrer Körperzellen, abhängig.

Während die Gestalt der Zellen bei der Begrüßung als rundliche Erscheinung mit mehreren kleinen Ausstülpungen wahrgenommen werden kann, so ist sie in ihrer Erwartungshaltung tropfenförmig. Die Körperzellen sehen dann wie dicht nebeneinanderliegende Tropfen aus, deren Spitze bei allen in die selbe Richtung zeigt.

Obwohl die Körperzellen keine Gesichter haben und ihre Form äußerst schlicht ist, besitzen sie eine starke Ausdruckskraft. Diese lässt unter anderem erkennen, ob sie frisch und munter oder schlapp und entkräftet sind, ob freudig oder erwartungsvoll.

Das Kollektivbild der Zellen ist so beeindruckend, dass man es niemals vergessen kann. Jedes Mal, wenn die Erinnerung mir einen Körperzellenkontakt mit dem entsprechenden inneren Bild der Zellen zurückbringt, fühle ich die Herzenswärme, welche die mir innewohnende Liebesenergie bei diesem Anblick in meinem Herzchakra entstehen ließ, sowie die Liebesenergie, welche mir die Körperzellen entgegenbrachten.

Der Energiekörper der menschlichen Körperzellen

Ich glaube, bei den Lesern dieses Buches ausreichende Kenntnisse über den Energiekörper des Menschen voraussetzen zu können. Darum gestatte ich mir, auf dieses Thema nicht näher einzugehen.[1]

Die menschlichen Körperzellen besitzen, wie alle anderen Wesen, einen Energiekörper und je nach der Art der Zellen, zwei bis drei Energiezentren. Die meisten Körperzellen haben drei Energiezentren. In jedem Zellkern ist ein Energiezentrum vorhanden.

Die Energiezentren der menschlichen Körperzellen sind mit dem äußeren Teil ihres Energiekörpers durch Energiebahnen verbunden und können daher Energie von außen aufnehmen und nach außen abgeben. Der Energiekörper der Zellen ist wiederum an die Energiebahnen des menschlichen Energiesystems angeschlossenen. Daher kann zwischen den Energiebahnen des Menschen, durch die von außen unter anderem kosmische Energie einfließt, und dem Energiekörper der Zellen, bzw. ihren

- 18 -

Energiezentren, ebenfalls ein Energieaustausch stattfinden. Zuzüglich verfügen die Körperzellen über Energie, die durch besondere Organellen erarbeitet wird.

Ohne den Energiekörper der Zellen wäre es nicht möglich, ihre Reaktionen auf unsere mentale Ansprache wahrzunehmen.

---

[1] Ich schreibe darüber ausführlicher in meinem noch in Überarbeitung befindlichen Buch: «Chakrendiagnose, Chakrentherapie und Lichtkörperbehandlung ».

Die Sichtbarkeit der Gefühle eines Wesens in seinem Energiekörper

Die Gefühle eines jeden Wesens können an seinem äußeren Energiekörper wahrgenommen werden. Das gilt auch für die Gefühle der Körperzellen und darauf basiert die Möglichkeit, mit den Körperzellen gefühlsmäßige Zwiesprache halten zu können.

Sollte es jemandem schwer fallen, sich vorzustellen, dass auch Körperzellen Gefühle haben, so kann ich ihm aufgrund meiner praktischen Erfahrung von Kontakten mit Körperzellen versichern, dass dies zutrifft. Jeder andere, der bereits mit Körperzellen Kontakt aufgenommen hat, wird mir dies bestätigen können.

So wie jedes Wort, jeder Gedanke und alles, was existiert, sind auch Gefühle Energien. Die jeweilige Gefühlsenergie eines Menschen wird von dem entsprechenden Energiezentrum, in dem sie entstanden ist, beziehungsweise von den Energiezentren, die für Gefühle zuständig sind, über Energiebahnen in den äußeren Energiekörper befördert, wo sie von besonders spirituell entwickelten Menschen in mentaler und (oder) physischer Sicht wahrgenommen werden können. (Selbstverständlich kann jeder die Gefühle eines Menschen mit seinen physischen Augen von dem Gesichtsausdruck, insbesondere den Augen, ablesen. Darum geht es hier nicht.)

Die Energiekörper der Körperzellen können nur in innerer Sicht wahrgenommen werden, da sie sich im Inneren eines Körpers befinden. Das gilt auch für die Zellen des äußersten Körperbereiches, der Haut, da dort die Energiekörper der einzelnen Körperzellen in dem stärkeren äußeren Energiefeld des Menschen untergehen.

Auf die gleiche Art, wie wir ihre Gefühle wahrnehmen, können wir auch den physischen Zustand der Körperzellen erkennen, da dieser ebenfalls in ihrem Energiefeld sichtbar ist.

Der erste Kontakt mit meinen eigenen Köperzellen

Obwohl ich mich erst einige Jahre nach meinen ersten Kontaktaufnahmen mit den Körperzellen anderer Menschen mit meinen eigenen Zellen verbunden habe, möchte ich dem Kapitel mit Fallbeispielen von Körperzellenkontakten das Kapitel über den ersten Kontakt mit meinen Körperzellen voranstellen, weil ich glaube, dass der Leser sich in meine Gefühle während meines Kontaktes mit meinen eigenen Körperzellen leichter hineinversetzen kann.

Bei dem ersten Versuch, mit meinen eigenen Körperzellen Kontakt aufzunehmen, hatte ich gleich Erfolg. Vielleicht kam es daher, dass ich plötzlich ein inneres Verlangen verspürte, mich mit meinen Zellen zu verbinden. Ich saß gerade an meinem Schreibtisch und schrieb an einem meiner Bücher, als mich dieses Gefühl überkam. Ich nahm mir nicht einmal die Zeit, mich hinzulegen, oder eine besondere Sitzhaltung einzunehmen. Der Kontakt mit meinen Körperzellen kam, noch bevor ich mit meiner sonst üblichen inneren Ansprache beginnen konnte, unmittelbar zustande.

Kaum hatte ich meine Augen geschlossenen und angefangen, mich mit starken Liebesgefühlen auf meine Zellen einzustellen, erhielt ich bereits mein inneres Bild von ihnen. Ich vermute, dass diese schnelle Reaktion deshalb zustande kam, weil ich seit vielen Jahren Liebe für meine Körperzellen empfinde. Auch kommt es des öfteren vor, dass ich mich irgendwelcher Genussmittel bewusst enthalte, um meinen Zellen nicht zu schaden. In Momenten solcher Entscheidungen denke ich immer mit Liebe an meine Körperzellen. Möglicherweise war dies der Grund für ihre sofortige Anprachebereitschaft.

Ich erhielt also sofort das innere Bild von meinen Zellen. Von ihnen ging ein besonderes Gefühl von Liebe und Vertrauen aus, wie ich es zuvor noch nie bei anderen Körperzellen erlebt hatte.

Die Energiekörper meiner Zellen waren besonders stark und leuchtend, was auch auf einen guten physischen Zustand schließen ließ. Sicherlich lag das zum Teil daran, dass ich frisch und ausgeschlafen war. Es war an einem Sonntagmorgen und ich hatte seit einer knappen Stunde geschrieben. Das Schreiben meiner Bücher ist eine meiner Lieblingsbeschäftigungen und tut meiner Seele besonders gut. Daher war ich voller Zufriedenheit und Harmonie. Diese positiven Gefühle schienen sich in dem Energiekörper meiner Zellen widerzuspiegeln.

Die Freude meiner Körperzellen über unsere Verbindung war wesentlich stärker, als die von den Zellen anderer Menschen bei einer ersten Kontaktaufnahme.

Wahrscheinlich kommt es vor, dass sich der Mensch, ohne sich dessen bewusst zu sein, manchmal mit seinen Zellen verbindet.

Ich habe das Empfinden, dass dieser unbewusste Zellenkontakt besonders dann zustande kommt, wenn der Mensch sich körperlich besonders wohl oder besonders schlecht fühlt. In beiden Fällen ist es ein unbewusstes Gefühl der Verbundenheit, welches den Körperzellenkontakt zustande kommen lässt.

Der erste bewusste Kontakt mit meinen Zellen dauerte sehr lange. Ich brachte es nicht übers Herz, die Abschiedsworte zu sprechen, mit denen ich bei anderen Menschen die Verbindung mit ihren Körperzellen jeweils zu beenden pflege. Meine Zellen und ich fühlten uns miteinander so wohl in unserem Austausch von positiven Gefühlen und Liebesenergie, dass ich es als völlig verkehrt empfand, den Kontakt in einem solchen Moment zu beenden.

Ich setzte mein Schreiben fort und hielt gleichzeitig dabei noch eine ganze Weile die Verbindung mit meinen Zellen aufrecht. Sie wirkte sich nicht ablenkend auf meine Arbeit aus. Im Gegenteil! Die Worte entschlüpften meinen Gedanken fast von alleine und manifestierten sich in großer Geschwindigkeit auf dem Monitor meines Computers.

Ich fühlte mich innerlich und äußerlich rundum so voller Liebe, als würde ich von dem Energiekörper eines mich liebenden Wesens, von welchem kraftvolle Ruhe und Harmonie ausging, eingehüllt. All dies geschah durch den Austausch der starken Liebesenergie zwischen meinen Zellen und mir.

Nach etwa einer Stunde endete der Kontakt fast von alleine. Ich bekam ein Gefühl zufriedener Sattheit, welches ich auch bei meinen Zellen wahrnehmen konnte. Der Abschied fand ohne die üblichen Worte in gemeinsamer Harmonie von beiden Seiten aus statt. So einmalig wie diese Vereinigung, war auch die Beendigung derselben.

Als ich mich nach dem ersten Kontakt mit meinen Körperzellen verstandesmäßig mit dem Erlebten auseinander setzte, erkannte ich, dass ich in zahlreichen Momenten, in denen ich schon früher mit liebevollen und dankbaren Gefühlen an meine Zellen dachte, bereits damals mit ihnen verbunden war, ohne mir dessen bewusst zu sein.

Auch in den unzähligen Augenblicken, in denen ich, nachdem ich meiner großen Raucherleidenschaft einen Schlussstrich gesetzt hatte, nicht der ständigen Versuchung, wieder zur Zigarette zu greifen, nachgab, und dabei starke Liebe für meine Körperzellen empfand, war möglicherweise ebenfalls eine Verbindung mit meinen Zellen zustande gekommen. So hatte sich eine Liebesverbindung zwischen meinen Zellen und mir aufgebaut, ohne dass ich etwas davon bemerkt hatte, und die ich nun zum ersten Mal bewusst spüren konnte.

Fallbeispiele von Kontakterlebnissen mit Körperzellen

Zunächst möchte ich über die Fortsetzung der Behandlungen meiner Patientin berichten, mit der ich den ersten Zellenkontakt bekommen hatte.

Während der nächsten Behandlung meiner Cousine setzte ich mich wieder mit ihren Körperzellen in Verbindung. Ich tat das Gleiche, was ich zuvor rein intuitiv geschehen ließ; diesmal aber im vollen Bewusstsein und in eigener Führung meiner Handlung.

Kurz nach dem Beginn meiner Begrüßung konnte ich schon die Körperzellen auf meinem «inneren Bildschirm» sehen. Sie befanden sich in reger Bewegung und zeigten große Freude. Ich teilte ihre Empfindungen. Auf beiden Seiten gab es freudige Gefühle, wie bei einem plötzlichen Wiedersehen von guten Freunden nach langer Zeit. Ich spürte ihre Liebesenergie und übertrug ihnen die meine.

Nachdem ich die Begrüßung beendet hatte, teilte ich ihnen mit, dass ich ihnen nun wieder Energie übertragen werde. Augenblicklich wurden die Zellen ganz ruhig und verharrten regungslos, offenbar in Erwartung der Energieübertragung. Es ging deutlich aus ihrem Verhalten und ihren Gefühlen hervor, dass sie sich meiner letzten Energieübertragung bewusst waren und diese als angenehm empfunden hatten.

Das Bild, welches sich mir bot, ließ tiefe Rührung in mir aufkommen. Ich schaute ein Heer von bewegungslosen Zellen. Sie sahen aus wie liegende Tropfen, deren Spitzen alle in dieselbe Richtung zeigten. Gefühle von Erwartung und Vertrauen gingen von ihnen aus. Ich weiß nicht, ob Zellen ein Erinnerungsvermögen haben können. Vielleicht hatten sie, aufgrund ihres vorherigen Erlebnisses mit mir, instinktiv meine innere Ansprache mit der Energieübertragung in Verbindung gebracht. Möglicherweise hatten sie auch früher, als ich ihnen, ohne Kontakt mit ihnen aufzunehmen, Energie übertrug, etwas davon wahrgenommen. Wodurch auch immer, es war ihnen deutlich anzumerken, dass sie nun auf die Energieübertragung warteten.

Während der Behandlung konnte ich durch die Intensität des Energieflusses in meinen Händen, die Energieaufnahmefähigkeit deutlich fühlen. Ich bemerkte, dass die Energie stärker gezogen wurde, als bei den anderen Energiebehandlungen, die meine Cousine bisher von mir bekommen hatte. Der Grund dafür schien mir die Tatsache zu sein, dass die Zellen die Energie - durch den vorangegangenen Kontakt mit mir -, bewusst und mit Freude und Erwartung aufnahmen.

Bei der nächsten Energiebehandlung dieser Patientin, und gleichzeitig dem dritten Kontakt mit ihren Körperzellen, begaben sich die Zellen nach unserer Begrüßung von alleine, noch bevor ich ihnen mental mitteilen konnte, dass ich ihnen wieder

Energie übertragen würde, in ihre auf Empfang eingestellte Position.

Wenige Tage nach dieser Behandlung hatte ich mich für kurze Zeit ins Ausland zu begeben. Meine Cousine bat mich um eine weitere Behandlung vor meiner Abreise. So fuhr ich in aller Frühe, bevor ich mich auf den Weg zum Flughafen machte, zu ihr. Es folgte ihre vierte Energieübertragung mit Körperzellenkontakt.

Kaum hatte ich mit der Begrüßung der Zellen begonnen, reagierten sie sofort mit großer Freude. Ihr freudiger Ausdruck war so stark und beeindruckte mich derartig, dass er mich ganz aus meinem Ansprachprogramm brachte. Anstatt meine Begrüßungsworte fortzusetzen, strömte ich unablässig Dankbarkeit und Liebesenergie aus.

Zwischen den Zellen und mir fand ein starker Austausch von Liebesenergie statt. Er wurde dadurch beendet, dass die Körperzellen meiner Patientin unaufgefordert ihre Energieaufnahmehaltung einnahmen. Dies geschah so ausdrucksvoll, dass es einer Aufforderung gleichkam. Sofort begann ich mit der Energieübertragung. Der Energiestrom war so stark, als würde er von den Zellen wie von Magneten angezogen.

Diese Behandlung hatte sich, wie mir meine Cousine wenige Tage später telefonisch mitteilte, so gut auf ihr Befinden und ihre Gesundheit ausgewirkt, dass sie das Bedürfnis hatte, mich im Ausland anzurufen, um mich an ihrer Freude teilhaben zu lassen und sich bei mir zu bedanken.

Den stärksten und innigsten Kontakt mit Körperzellen erlebte ich - außer mit meinen eigenen - mit den Zellen einer Patientin, die ich länger als zwei Jahre, mehr oder weniger regelmäßig, behandelt hatte. Mit dieser Frau verband mich eine besonders starke Freundschaft. In dem zweiten Behandlungsjahr begann die Freude ihrer Körperzellen über unsere Kontaktaufnahme so groß zu werden, dass sie mich jedes Mal aufs neue verwunderte.

Wenn ich mich zu Beginn der Behandlung mit der Seele dieser Patientin verbunden hatte, tauchten ihre Körperzellen unaufgefordert bereits vor meinem inneren Auge auf. Sie waren voller Freude und dabei ohne Aufdringlichkeit. Ich konnte stets den Seelenkontakt zuerst in Ruhe beenden, bevor ich mich mit meiner Liebe den winzigen Geschöpfen widmete, die mir mit so viel Kraft und Liebe, ihre Freude über unser Nahesein in ihren Bewegungen und ihrem Ausdruck zu erkennen gaben.

Natürlich war meine Freude nicht weniger groß. Zwischen diesen Zellen und mir bestand ein außergewöhnliches Vertrauens- und Liebesverhältnis.

Ein ganz besonderes Erlebnis hatte ich mit den Körperzellen eines Jugendlichen. Sie reagierten bereits bei meiner ersten Behandlung ganz besonders aktiv und positiv. Sie begrüßten mich, als würden sie mich bereits kennen. Dazu muss ich erwähnen, dass ich schon vorher Gespräche mit dem jungen Mann geführt hatte. Er war mir seit einiger Zeit bekannt, da es sich um den Sohn einer Freundin handelte.

Als ich seinen Zellen mitteilte, dass ich ihnen Energie übertragen würde, gingen sie wie selbstverständlich und mit Schwung in ihre Aufnahmehaltung, als wäre ihnen das alles bereits bekannt. Wie ich später erfuhr, hatte mein Patient einige Tage zuvor von einer anderen Therapeutin eine Reiki-Behandlung bekommen.

Die Körperzellen des jungen Mannes zogen die Energie besonders stark an und ich hielt meine Hände lange über die Teile seines Körpers, die besonders viel Energie benötigten.

Schon bei der zweiten und dritten Behandlung reagierten die Zellen dieses Jugendlichen mit so großer Freude, als würden sie mich bereits seit vielen Monaten kennen, und wie ein Echo ihrer Gefühle erweckten sie in mir die gleiche Freude. Gleichzeitig wurde ich von starker Rührung bewegt.

Am Tag nach der dritten Behandlung musste ich wieder ins Ausland fliegen. Ich versprach meinem jungen Patienten, dass ich, wenn ich von den Arbeiten, die ich vor dem Abflug noch zu erledigen hätte, nicht zu müde und erschöpft sei, ihm am Nachmittag des nächsten Tages vom Flugzeug aus eine Fernbehandlung geben würde. Seinen Körperzellen hatte ich diese Behandlung bei meinem Abschiednehmen bereits in Aussicht gestellt.

- 30 -

Das Wetter war am nächsten Tag so miserabel, dass ausgerechnet dieser Flug mehrere Stunden Verspätung hatte. Ich saß übermüdet im Warteraum und versuchte mich wach zu halten, um die Ansage für meinen Abflug nicht zu verpassen.

Es war inzwischen Abend, als wir endlich unseren Transportvogel besteigen durften. Nachdem ich mich auf meinem Sitz niedergelassen und angeschnallt hatte, schaute ich auf meine Armbanduhr. Der kleine Zeiger berührte bereits die Acht. Erschöpft und müde wie ich war, dachte ich nicht einen Augenblick an die erwähnte Fernbehandlung.

Das Flugzeug befand sich noch keine fünfzehn Minuten in der Luft, als ich, mit geschlossenen Augen und an nichts denkend vor mich hin dösend, plötzlich und völlig unerwartet das Bild der Körperzellen meines jungen Patienten vor meinem inneren Auge sah. Sofort fiel mir die Fernbehandlung wieder ein. Es schien mir, als hätten die Zellen sich bei mir bemerkbar machen wollen, um ihre Energiebehandlung zu bekommen.

Möglicherweise hatte der junge Mann sich auf die Fernbehandlung eingestellt und darauf geachtet, ob er etwas davon bemerken würde. Als er dann zu der vereinbarten Zeit und noch eine ganze Weile danach nichts von einer Behandlung spüren konnte, hatte er vielleicht für einen Augenblick besonders stark daran gedacht, dass ich ihm doch eigentlich eine Fernbehandlung geben wollte und ob er nun noch länger darauf warten sollte.

Wahrscheinlich hatten mich seine Gedanken telepathisch erreicht. Wie auch immer das Bild der Zellen meines Patienten auf meinem «inneren Monitor» zustande gekommen sein mochte, sie gaben mir mit sichtbarer Unruhe, welche sich in einer Art äußerte, die ich bisher noch nicht kannte, zu verstehen, dass sie etwas erwarteten. Ihre Bewegungen waren verhalten und unregelmäßig, wie die eines Mannes, der auf das verspätete Erscheinen seiner Geliebten wartet und unregelmäßig von einem Fuß auf den anderen tritt.

Das plötzliche Erscheinen der Zellen versetzte mir einen heftigen Schreck, weil es mich erkennen ließ, dass ich mein vages Versprechen einer Fernbehandlung ganz und gar vergessen hatte. Es war das erste und bisher einzige Mal, dass ich eine in Aussicht gestellte Behandlung vergaß. Der Schreck darüber wirkte auf mich wie eine kalte Dusche. Meine Müdigkeit war sofort verschwunden. Ich fühlte mich wieder fit und handlungsfähig. Also beschloss ich, das Versäumte umgehend nachzuholen. Es war der erste Zellenkontakt, den ich als Fernbehandlung durchführte. Die Verbindung mit den Körperzellen war genauso stark, als hätte ich den Patienten vor mir.

Meine Begrüßung der Zellen verwandelte deren Unruhe in Freude. Ihre unregelmäßigen Bewegungen wurden gleichmäßig und besonders schnell. Dann wurden sie durch meine Gedanken, die ihnen nun die Energiebehandlung anzukündigen, veranlasst, ihre Aufnahmehaltung einzunehmen.

Vielleicht fragt sich so mancher Leser, wie ich erkennen konnte, dass es sich, bei der plötzlichen Erscheinung vor meinem inneren Auge, um die Körperzellen meines jungen Patienten handelte. Schließlich sehen doch die Energiekörper aller Zellen ungefähr gleich aus. Mit dem folgenden Beispiel hoffe ich derartige Unklarheiten beseitigen zu können:

Wer kennt nicht das Spielchen, bei dem man plötzlich von jemandem, der auf einmal hinter einem steht, die Augen zugehalten bekommt. Dann soll man erraten, wer die unbemerkt aufgetauchte Person ist. Meistens fragt diese nicht: «Wer bin ich?», um sich nicht durch die Stimme zu verraten.

Wer kennt schon die Handflächen seiner Freunde so gut, um in einer solchen Situation zu wissen, wer gerade hinter einem steht? Man kann gerade fühlen, ob es sich um Männer-, Frauen- oder Kinderhände handelt. In solchen Fällen erkennt man die zu erratende Person an ihrem Energiekörper, das heißt, an der Ausstrahlung desselben. Man spürt dabei regungslos, oft sogar mit angehaltenem Atem, in die einen umgebende Energie hinein.

Wir können die Energie eines uns bekannten Menschen oder anderen Wesens sogar dann spüren, wenn wir mit ihm telepatisch verbunden sind.

Auf diese Art konnte ich die Körperzellen, die plötzlich vor meinem inneren Auge erschienen, erkennen. Möglicherweise spielte dabei auch meine schlagartig wieder aufgetauchte Erinnerung an die versäumte Fernbehandlung eine Rolle.

Spirituelle Entwicklung und Liebesenergie

Der spirituelle Entwicklungsstand eines Menschen ist abhängig von dem in ihm manifestierten Anteil von Liebesenergie. Die Liebesenergie vermehrt sich u.a. durch das Handeln aus Liebe, ohne Erwartungen eines Gegenwertes: Liebe um der Liebe willen. Je mehr Liebe jemand gibt, desto mehr bekommt er zurück und umso größer ist der Anteil seiner Liebesenergie.

Ein Mensch kann täglich stundenlang meditieren, spirituelle Bücher lesen und beten; so lange er nicht seine Existenz in den Dienst der bedingungslosen Liebe stellt, um jederzeit dort zu wirken, wo sein Einsatz gebraucht wird, kann seine geistige Entwicklung kaum vorangehen.

Hingegen kann ein Mensch ohne Schulbildung, der nicht lesen gelernt und der noch niemals bewusst meditiert hat, der aber, wo immer er sich befindet, aus Mitgefühl und Liebe handelt, über eine höhere spirituelle Entwicklung und ein größeres geistiges Wissen verfügen als jemand, der zwar an einer Universität studiert hat, aber sein Leben ohne Liebestaten verbringt.

Die Verstärkung der Liebesenergie ist die grundlegende Voraussetzung für die Entwicklung jeglicher geistiger Fähigkeiten. Ob es sich um geistiges Heilen handelt, um die Fähigkeit, Energiekörper sehen zu können, um das Lesen in der Akasha, um das Verstehen von geistigen Gesetzen und ihren Funktionen, um welche geistigen Fähigkeiten auch immer, der Schlüssel, der die Tore zu allem geistigen Wissen und Handeln öffnet, ist Liebe, bedingungslose Liebe.

Der Anteil der Liebesenergie im Menschen steht im Verhältnis zu der Feinheit und Größe seiner Aura sowie der Stärke seiner Energiezentren und Energien. Je mehr Liebesenergie in einem Wesen vorhanden ist, desto ausgedehnter und feiner sind seine Energiekörper.

Von allen Energien ist die Liebesenergie eine der feinsten und stärksten Energien, die es im Universum gibt. Noch stärker und feiner ist nur die reine Geistenergie, die Energie des ewigen Seins, des Alles und Nichts. Sie ist die Kraft, aus der Gott existiert: die Schöpferkraft des Schöpfers, die eins ist mit Seinem Wirken.

Verfügt ein Mensch über einen großen Anteil Liebesenergie, so werden dadurch alle seine Energien stärker und feiner.

Je feiner die Energien in einem Menschen sind, desto leichter kann er sich mental auf andere Ebenen begeben; und zwar auf die höheren Ebenen, die seiner Energiequalität entsprechen.

In dem Moment, in dem jemand einen Energiekörper sieht, z.B. die Aura eines anderen Menschen, befindet er sich geistig auf einer höheren Ebene als der physischen. Steht jemand im Kontakt mit dem Kosmischen Bewusstsein, so befindet er sich geistig auf einer noch feineren (höheren) Ebene. Um diese zu erreichen, muss seine Liebesenergie noch stärker sein als bei der davor erwähnten Ebene, u.s.w.

Da die verschiedenen Ebenen sich nicht durch Räumlichkeit, sondern durch ihre Energiequalität unterscheiden, können an ein und demselben Ort alle Ebenen gleichsam vorhanden sein.

Wie schon an anderer Stelle erwähnt, kann man die Liebesenergie auch durch Übungen verstärken. Beispiele dafür befinden sich in einem gesonderten Kapitel dieses Buches.

Der Liebesenergieimpuls als Auslöser mentaler Kontaktaufnahme

Die Ansprachebereitschaft der Körperzellen und damit die Möglichkeit des Zellenkontaktes, wird, ob es sich um fremde oder eigene Körperzellen handelt, immer durch einen Liebesenergieimpuls ausgelöst.

Ein Liebesenergieimpuls kommt dann zustande, wenn sich ein Wesen mit Liebe auf ein anderes Wesen konzentriert. Die dabei ausgesandte Liebesenergie erzeugt den Impuls. .

Beim Zellenkontakt bewirkt der Liebesenergieimpuls, dass die mentale Begrüßung bei den Körperzellen ankommt (im doppelten Sinne des Wortes) und sie darauf reagieren.

Zur Verdeutlichung möchte ich ein Beispiel aus dem Alltag erwähnen: Eine Hausfrau hängt Wäsche auf die Leine. Während sie ein Oberhemd ihres Ehemannes aufhängt, denkt sie konzentriert und mit Liebe an ihn. Im nächsten Augenblick klingelt das Telefon. Ihr Mann ist am Apparat. Nach einer kurzen aber liebevollen Begrüßung sagt er ihr, dass sie noch nicht das Hemd, das er während der letzten Tage getragen hatte, waschen solle.

Was war passiert? Die Frau hatte sich durch konzentriertes Denken an ihren Mann und durch das Aussenden von Liebesenergie unbewusst geistig mit ihm verbunden. Der Mann, bekam durch den empfangenen Liebesenergieimpuls mentalen Kontakt zu seiner Frau. Dadurch wurde das Bild seiner Frau in seinem Bewusstsein hervorgerufen, was bewirkte, dass er an sie dachte. Der mentale Kontakt zwischen den beiden war so stark, dass der Mann in die Tätigkeit seiner Frau miteinbezogen wurde. So kam das Oberhemd in sein Bewusstsein. Dabei fiel ihm ein, dass er ein paar wichtige Notizzettel in der Hemdtasche vergessen hatte.

Eine solche Art von mentaler Kontaktaufnahme kommt häufiger vor, als man denkt. Sie funktioniert sowohl als aktiver wie auch als passiver Vorgang. Bei einem aktiven Vorgang wird von dem Auslösenden, gewollt oder ungewollt, der Liebesenergieimpuls freigesetzt, der den Kontakt hervorruft. Der Empfänger des Impulses ist zunächst an diesem Vorgang nur passiv beteiligt.

Es hängt nun von dem Befinden und dem Interesse des passiven Kontaktpartners ab, ob er seinem aktiven Partner ebenfalls Liebesenergie zukommen lässt. Ist dies der Fall, wird der passive Partner ebenfalls aktiv und zusätzlich nimmt dadurch der Kontakt zwischen beiden stärkere Dimensionen an. Das kann so weit gehen, dass einer der Partner (oder auch beide) jeweils in die momentane Tätigkeit des Kontaktpartners miteinbezogen wird. Dadurch kann er mental bildlich wahrnehmen, was jener gerade tut. Er kann auch spüren, was in seinem Partner gefühlsmäßig vor sich geht.

- 38 -

Der Vollständigkeit halber sei kurz erwähnt, dass es noch andere Energien gibt, die mentalen Kontakt zwischen Menschen auslösen können. (Darauf näher einzugehen, würde hier zu sehr von dem Thema dieses Buches abschweifen.)

Das Wichtigste im Leben eines Menschen ist, Liebesenergie auszusenden und aufzunehmen. Die höchste Stufe menschlicher Entwicklung ist erreicht, wenn alle Handlungen, Gedanken und Worte von bedingungsloser Liebe erfüllt und geführt sind.

Die inneren Voraussetzungen
für die Kontaktaufnahme
mit Körperzellen

Als Grundvoraussetzung für das Zustandekommen von Kontakten mit Körperzellen sei noch einmal das nötige Vorhandensein von Liebesenergie erwähnt. (Wann immer ich von Liebesenergie spreche, ist damit die Energie bedingungsloser Liebe, oder mit anderen Worten, Göttliche Liebesenergie, gemeint.)

Was die spirituelle Reife anbelangt, so setze ich sie bei den meisten Lesern dieses Buches voraus, da das Interesse für diese Lektüre bereits auf eine gewisse geistige Basis schließen lässt.

Hier nun die Hinweise für die inneren Voraussetzungen:

1. Die erste und wichtigste Voraussetzung ist die Fähigkeit, den Zellen Liebesenergie übertragen zu können. Die Grundlage dafür ist, Menschen und Natur bedingungslos, ohne eigennützige Absichten, lieben zu können.

2. Man muss psychisch und geistig gesund sein und sich körperlich zumindest in so guter Verfassung befinden, dass man zu starker Konzentration fähig ist.

3. Man sollte keinen Zweifel an der Möglichkeit der Kontaktaufnahme mit Körperzellen hegen, da dadurch die Konzentrationsfähigkeit herabgesetzt würde. Für die Kontaktaufnahme mit Körperzellen bedarf es starker Konzentration. Kommen während des ersten Versuches der Kontaktaufnahme mit den Körperzellen Zweifel auf, so sollte man sich erst noch einmal mit den wissenschaftlichen Kenntnissen über die Zellen, der Betrachtung der Zellen als Wesen und die Kontaktaufnahmen mit Körperzellen auseinandersetzen, gegebenenfalls auch die unten angeführten Übungen regelmäßig ausüben und den Versuch nach einem angemessenen Zeitraum wiederholen.

4. Man sollte möglichst Erfahrungen mit Meditation und/oder mentalem Visualisieren haben. Das soll nicht heißen, dass dies unbedingt notwendig ist. Es gibt auch spirituell entwickelte Menschen, die dies noch nie praktiziert haben, deren Liebesenergie aber so stark ist, dass sie den Kontakt mit Körperzellen problemlos herstellen können.

5. Eine wichtige Voraussetzung ist ebenfalls, dass der Grund für die Kontaktaufnahme nicht oberflächlich ist, wie z.B. reine Neugier. In einem solchen Fall wäre durch die fehlende Ernsthaftigkeit weder die notwendige Konzentration noch der erforderliche Liebesenergieimpuls vorhanden.

6. Es ist förderlich, wenn man über wenigstens einen Reiki-Grad verfügt, da Reiki gegebenenfalls die mentalen Fähigkeiten erheblich steigern kann.

7. Es ist wichtig, sich in die Zellen als Wesen hineinversetzen zu können.

8. Bei der Kontaktaufnahme, sowohl mit eigenen als auch mit fremden Körperzellen, sollen Kenntnisse über eine Art von Energieübertragung vorhanden sein. Für diejenigen, bei denen dies nicht zutrifft, gibt es in einem gesonderten Kapitel eine Anleitung für eine einfache Art der Übertragung von Energie auf Patienten. Eine Beschreibung der Aufladung mit Energie für die eigene Person ist in dem Kapitel «Anleitung für die Kontaktaufnahme mit eigenen Körperzellen» beschrieben.

9. Man soll frisch und ausgeruht sein und sich nicht unter dem Einfluss von starken Problemen befinden, bzw. sich von ihnen lösen können. Man soll die Fähigkeit besitzen, sich von allen störenden Gedanken zu befreien und sich nur auf die Kontaktaufnahme zu konzentrieren. (Gegebenenfalls soll man mit den gegen Ende des Buches angegebenen Konzentrationsübungen das «Abschalten» trainieren.)

Sollten die Voraussetzungen nicht alle erfüllt oder noch nicht ausreichend sein, besteht die Möglichkeit, sie mit der Zeit durch regelmäßiges Ausführen der in diesem Buch beschriebenen Übungen zu erlangen.

Die äußeren Voraussetzungen für die Kontaktaufnahme mit Körperzellen

Es ist unbedingt notwendig, die Voraussetzungen dafür zu schaffen, dass man während der Kontaktaufnahme mit den Körperzellen von niemandem gestört werden kann.

1. Man darf sich nicht in die Gefahr begeben, von eventuellem Läuten der Türklingel oder des Telefons abgelenkt zu werden. Darum sollten Klingel und Telefon für die Dauer des Zellenkontaktes besser vorsorglich abgestellt werden.

2. Benutzt man die Räumlichkeiten nicht alleine, so soll man sich dahingehend mit den Mitbenutzern einigen, dass ein störungsfreier Ablauf des Vorhabens gesichert ist. Die innere Sicherheit, von niemandem gestört zu werden, ist eine weitere Voraussetzung dafür, dass man über seine volle Konzentrationsfähigkeit verfügen kann.

3. Man darf auf keinen Fall unter Zeitdruck stehen. Auch ein solcher Faktor würde die Konzentrationsfähigkeit herabsetzen.

4. Der entsprechende Raum soll gut gelüftet und nicht zu hell sein.

5. Es ist gut, als Symbol für die göttliche Anwesenheit, eine Kerze anzuzünden.

6. Man soll keinen vollgegessenen aber auch keinen knurrenden Magen haben. Es ist günstig, etwa zwei Stunden vor dem Zellenkontakt keine Nahrung mehr zu sich zu nehmen und während des Tages, bis nach dem Zellenkontakt, kein tierisches Eiweiß zu essen.

7. Es ist erforderlich, ausreichend zu trinken, besonders kurz vor dem Körperzellenkontakt, weil dadurch der Energiefluss gefördert wird.

8. Alkoholiker, Drogenabhängige und starke Raucher erfüllen weder die körperlichen noch die spirituellen Voraussetzungen für eine Zellenkontaktaufnahme. Personen, die ihrem Körper in Maßen Alkohol und (oder) Nikotin zuführen, sollen an dem Tag, an dem sie einen Zellenkontakt durchführen wollen, sowie am Tag zuvor, keinen Alkohol trinken und wenigstens eine halbe Stunde vorher, und ebenso währenddessen, nicht rauchen.

9. Man soll während der Kontaktaufnahme mit Körperzellen bequeme Kleidung und Schuhe tragen.

Die Kontaktaufnahme mit den eigenen Körperzellen

Eine wichtige Voraussetzung für die Kontaktaufnahme mit den eigenen Körperzellen ist, dass du dich selber lieben kannst. Wie willst du sonst all den vielen kleinen Teilen von dir Liebe entgegenbringen?

Ich gehe davon aus, dass du damit keine Schwierigkeit hast. Du kannst also die nächsten Zeilen überfliegen.

Sollte es dir jedoch schwer fallen, dich zu lieben, so ist dieses Problem vorab zu beseitigen. Dies solltest du zunächst alleine versuchen.

Denke darüber nach, dass du wie alles, was existiert, ein Teil Gottes bist und dass Gott jeden Teil Seiner Schöpfung liebt; also auch dich.

Dieser Gedanke hat zwei Aspekte: Erstens sagt er dir, dass, wenn Gott dich liebt, du dich auch lieben solltest. Zweitens gibt er dir zu verstehen, dass Gott Sich ebenfalls liebt. Du bist ein Teil von Ihm und so, wie Er dich liebt, liebt Er alle Seine Teile.

Außerdem steht in den «Zehn Geboten»: Liebe deinen Nächsten wie dich selbst. Das bedeutet nicht, wenn du dich nicht liebst, brauchst du auch deinen Nächsten nicht zu lieben. Es heißt ja zuerst, dass du deinen Nächsten lieben sollst, und dann kommt: wie dich selbst. Also sollst du deinen Nächsten lieben und dich ebenfalls.

Sei dir deines Wertes bewusst. Du hast, als ein Teil Gottes, denselben Wert wie jedes andere Seiner Teile. Verstehe, dass du LIEBENSWERT bist.

Sicher ist dir dies alles bekannt. Du hast es wahrscheinlich nur nie richtig auf dich bezogen. Mach es dir wortwörtlich klar.

Solltest du noch immer damit Probleme haben, dich zu lieben, so suche therapeutische Hilfe auf. (Familienaufstellung, Cranio-Sacral-Therapie und Seelenteilrückholung können z. B. sehr hilfreich sein.)

Da du weißt, dass du dich liebst, kannst du sicher sein, dass es dir gelingen wird, den Kontakt zu deinen Körperzellen herzustellen.

Gehe noch einmal die inneren und äußeren Voraussetzungen durch und wenn du dir sicher bist, dass alle erfüllt sind, kannst du beginnen.

Falls du dich im Liegen genauso gut konzentrieren kannst wie im Sitzen, und dir diese Lage angenehmer ist, kannst du dich auf den Rücken legen. Andernfalls kannst du dich auf einem bequemen Stuhl niederlassen. Halte die Wirbelsäule gerade und setze beide Füße auf dem Boden auf.

Schließe nun deine Augen, und atme ruhig und gleichmäßig durch die Nase ein und aus. Dann zähle ganz langsam rückwärts von neun bis null. Fühle dich entspannt und in deiner Mitte. Verharre ein paar Atemzüge lang in diesem Gefühl.

Bilde mit deiner Vorstellung eine himmelblaue Strahlenschutzhülle um dich herum, die dich vor allen störenden Energien abschirmt.

Hast du das Gefühl, noch nicht ausreichend entspannt zu sein, vertiefe dich in folgende Übung: Stell dir vor, du liegst auf einer grünen Wiese. Es ist angenehm warm. Vögel zwitschern. Du schaust in den blauen, klaren Himmel über dir. Schäfchenwolken kommen und ziehen vorüber. Frieden ist in dir und um dich. Genieße diesen Frieden.

Nun konzentriere dich auf deine Körperzellen. Stelle sie dir als selbstständige Wesen vor. Sie können fühlen und empfinden. Sie sind fähig, Liebe zu empfangen und Liebe zu geben. Denke daran, dass jede von ihnen unablässig ihre Aufgaben erfüllt, damit du gesund leben kannst. Sei ihnen dafür dankbar. Verharre kurz in diesem Gefühl der Dankbarkeit.

Bringe ihnen nun Gefühle der Liebe entgegen.

Falls du dir nicht vorstellen kannst, wie du das anfangen sollst, so versuche dich daran zu erinnern, wie du einem dir vertrauten Menschen Liebesenergie gegeben hast, wie du ihm Gefühle der Liebe entgegenbrachtest.

Stell dir vor, du siehst nach längerer Trennung einen dir sehr nahestehenden geliebten Menschen wieder. Du umarmst ihn und fühlst die Liebe, welche ihm aus deinem Inneren entgegenströmt. Versetze dich ganz hinein in dieses Ausströmen von Liebe. Fühle diesen Strom von Liebesenergie, der von deinem Herzchakra ausgeht, und lenke ihn auf alle deine Körperzellen.

Der Strahl der Göttlichen Liebe ist hellrosafarben. Wenn du magst, schaue innerlich auf dein Herzchakra und siehe, wie von dort aus unaufhörlich rosafarbene Strahlen in all deine Körperzellen strömen.

Sobald du dich dazu bereit fühlst, beginne innerlich mit deinen Zellen zu sprechen. Sage ihnen: «Meine geliebten Körperzellen, ich begrüße Euch!» Bleibe für einen Moment in dieser Begrüßungsenergie. Dann fahre fort: «Alle meine Körperzellen, ich liebe Euch!»

Sende ihnen jetzt wieder, wie zuvor, Liebesenergie und warte gleichzeitig ab, was geschieht. Sobald der Kontakt mit deinen Zellen zustande gekommen ist, wirst du mit deinem inneren Auge ein Bild von ihnen erblicken können.

Falls du dieses Bild noch nicht bekommst, warte mit Geduld und sende deinen Körperzellen unaufhörlich Liebesenergie. Gleichzeitig sage ihnen immer wieder, dass du sie liebst.

Sobald du deine Zellen sehen kannst, sage ihnen: «Ich bin glücklich über unsere Verbindung und danke Euch. Ich liebe, liebe,

liebe Euch!» Spüre deine Liebe zu ihnen und versuche die ihre wahrzunehmen. Verbleibe, solange du magst, in diesem Gefühl des Liebesaustausches.

Fühlst du dich frisch und konzentriert genug, um deinen Körperzellen Energie zu übertragen, sage innerlich zu ihnen: «Meine geliebten Zellen, ich werde Euch jetzt mit Lebensenergie aufladen.»

Bleibe kurz mit deinem Gefühl in der Bedeutung dieses Satzes. Dann visualisiere innerlich, wie Lebensenergie als ein starker heller Lichtstrahl unaufhörlich über dein oberes Energiezentrum, das Lichtchakra, welches sich über der Mitte deines Kopfes befindet, in dich einfließt. (Nach der Theorie der sieben Chakren ist das Lichtchakra der oberste Teil des Kronen- bzw. Scheitelchakras.) Sieh wie dieser Lichtstrahl durch den Chakrenkanal (die größte Energiebahn im menschlichen Körper, die von deinem Lichtchakra durch die Mitte deines Körpers bis zum Wurzelchakra, am Ende der Wirbelsäule führt) bis in dein Herzchakra fließt.

Sende nun die einströmende Lebensenergie (Prana) von deinem Herzchakra aus in alle Zellen deines Körpers: Von der linken Seite des Herzens in die linke Schulter und den linken Arm, bis hinunter in die Fingerspitzen, dann von der rechten Seite des Herzens in die rechte Schulter und den rechten Arm, bis hinunter in die Fingerspitzen. Beobachte dabei stets, wie sich die Energie als heller Lichtstrahl ausbreitet.

Lass jetzt die Lebensenergie in deinen ganzen Oberkörper strömen, in deinen Oberbauch, deinen Unterbauch, in das linke Bein, bis hinunter in die Zehenspitzen und ebenso in dein rechtes Bein. Siehe wie dein Körper, deine Schultern, Arme, Hände, Torso, Beine und Füße im inneren Licht erstrahlen.

Schicke nun von deinem Herzschakra aus Prana in deinen Hals und deinen Kopf. Betrachte dann wieder, wie der Energiestrahl in dein Lichtchakra einstömt und sich von dort aus in deinem ganzen Körper ausbreitet und jede einzelne Zelle von ihm mit Lebensenergie versorgt. Sage dabei zu deinen Körperzellen: «Meine geliebten Zellen, nehmt nun bewusst die Energie, die jetzt in Euch einfließt, in Euch auf und manifestiert sie in Euren Energiezentren.»

Wenn dir dein Gefühl sagt, dass deine Zellen genug Prana aufgenommen haben, danke Gott für die erhaltene Energie. Dann schließe dein Lichtchakra, indem du über der Mitte deines Kopfes mit deiner rechten Hand (wenn du Linkshändler bist, mit deiner linken) die Bewegung eines Kreuzes ausführst: Erst den Querbalken, dann den Längsbalken. Dabei soll die Handhaltung so sein, dass alle Fingerspitzen nebeneinander liegen. Zum Schluss machst du über der Mitte des Kreuzes einen Punkt und beendest damit deine Energiebehandlung.

Fahre nun fort, indem du deinen Körperzellen jetzt Liebesenergie sendest. Wenn du fühlst, dass es an der Zeit ist, den Zellenkontakt zu beenden, sage zu deinen Körperzellen: «Meine geliebten Zellen, ich wende mich nun wieder meinem Alltag zu und beende für heute unseren Kontakt. Ich werde mich nach einigen Tagen (oder z.B.: morgen, oder: in einer Woche, u.s.w.) wieder mit Euch verbinden. Ich danke Euch!» Sprich dann zum Abschluss ganz langsam und im vollen Ausdruck der Bedeutung: «Ich liebe, liebe, liebe Euch!»

Entferne dich nun mit deinen Gefühlen ganz langsam aus dem Zellenkontakt. Bewege kurz deine Finger, deine Zehen, deinen Bauch, deine Augenlider und öffne deine Augen.

Falls die Kontaktaufnahme mit den eigenen Körperzellen beim ersten mal noch nicht gelungen sein sollte, kannst du nach neun Tagen, an denen du täglich die Übungen zur Verstärkung der Konzentration und der Liebesenergie praktiziert hast, einen zweiten Versuch starten.

Prüfe vor Beginn der neuen Zellenkontaktaufnahme nach, ob du unter Leistungsstress stehst. Leistungsstress ist ein Produkt innerer Angst, welche durch dich alleine oder zusammen mit dem Einfluss anderer Personen erzeugt wird. Leistungsstress ist einer der häufigsten Gründe für ein Misslingen; egal auf welchem Gebiet.

Sei ganz locker und überlasse es der Göttlichen Führung, ob der neue Versuch gelingen wird oder nicht. Sei sicher, dass das passieren wird, was für dich und deine Entwicklung richtig ist.

Sollte auch beim zweiten Anlauf der Zellenkontakt noch nicht gelingen, ist die Zeit der täglichen Übungen so weit zu verlängern, bis du eine Verbesserung deiner Konzentration und deiner mentalen Fähigkeiten spüren kannst.

Die eigene Konzentrationsfähigkeit kann jeder bei seiner Arbeit und im täglichen Leben beobachten. Eine positive Entwicklung mentaler Fähigkeiten ist u.a. daran zu erkennen, dass man im spirituellen Bereich plötzlich über einen besseren Durchblick verfügt. Geistige Gesetze werden auf einmal verständlich und die Momente von Verbindungen mit dem Kosmischen Bewusstsein, sowie die dadurch entstehenden Intuitionen, werden immer häufiger.

Eine Verstärkung des Verständnisses für die Fehler deiner Mitmenschen, und deine eigenen, sowie größere Liebesfähigkeit gegenüber allen Wesen, sind ebenfalls Zeichen für geistige Entwicklung.

Du wirst selber verspüren, wann die Zeit für einen neuen Versuch zur Kontaktaufnahme mit deinen Körperzellen gegeben ist. Dann ist sicher der geeignete Zeitpunkt für einen erfolgreichen Zellenkontakt gekommen.

Die Kontaktaufnahme
mit fremden Körperzellen

Bevor du mit fremden Körperzellen Kontakt aufnimmst, solltest du zuvor anhand der Kapitel über die inneren und äußeren Voraussetzungen für die Kontaktaufnahme mit Körperzellen nochmals überprüfen, ob du die dort genannten Voraussetzungen erfüllst

Die Kontaktaufnahme mit fremden Körperzellen geschieht am besten in Verbindung mit einer Energieübertragung; und zwar vorzugsweise mit einer Reiki-Behandlung. Der Grund dafür ist, dass der Einstieg in die Kontaktaufnahme mit fremden Körperzellen einfacher ist, wenn du dich, wie beispielsweise vor einer Reiki-Behandlung, mit dem Patienten mental verbindest.

Am Anfang ist es besser, vor der Therapie nicht mit der zu behandelnden Person über den Körperzellenkontakt zu sprechen, weil du dich damit unter Umständen unter Leistungsdruck setzt und dadurch an Lockerheit und Konzentrationsfähigkeit verlierst.

Wenn du während deiner Energiebehandlungen Musik hörst, und auch dein Patient die musikalische Untermalung als angenehm empfindet, so kannst du diese Gewohnheit gerne beibehalten. Achte aber darauf, dass du eine Musik wählst, die dich nicht ablenkt.

Es ist günstig, den ersten Körperzellenkontakt mit einem Patienten durchzuführen, der dir vertraut ist. Beginne die Kontaktaufnahme mit den Körperzellen folgendermaßen: Nimm zuerst in deiner gewohnten Art mentale Verbindung zu der zu behandelnden Person auf. Fühle in diese Verbindung hinein und verharre ungefähr zwei Minuten in diesem Gefühl.

Dann versuche, in die Körperzellen deines Patienten hineinzufühlen. Konzentriere dich mit Liebe auf die Zellen, bis du empfindest, dass der geeignete Moment gekommen ist, sie mental anzusprechen.

Die Ansprache kann etwa so lauten: «Ich begrüße Euch, geliebte Zellen von ... (Name der Person). Ich liebe Euch!» Gleichzeitig überträgst du ihnen Liebesenergie, indem du ihnen aus deinem Herzchakra Liebesenergiestrahlen sendest.

Sollte dir dies schwer fallen, versuche daran zu denken, wie es sich anfühlt, wenn du nach einer längeren Trennung plötzlich einen Menschen wiedersiehst, mit dem dich eine besonders liebevolle Beziehung verbindet. Erinnere dich an die Freude und Liebe, die du empfunden hast. In diesem Augenblick war die Strömung deiner Liebesenergie so stark, dass du gefühlt hast, wie sie aus deinem Herzchakra ausstrahlte.

- 54 -

Verbinde nun dieses Gefühl der ausströmenden Liebe mit der jetzigen Situation und übertrage den Zellen deine Liebesenergie. Du kannst sicher sein, dass sie bei ihnen ankommt und von ihnen angenommen wird.

In dem Augenblick, in dem dies geschieht, ist der Kontakt mit den Körperzellen hergestellt, und du kannst die Zellen vor deinem inneren Auge wahrnehmen. Fühle hinein in dieses Geschehen und in die Liebesenergie, die du ausstrahlst und die von den Zellen zurückgesendet wird.

Sage deinen «Gefühlspartnern», dass du über den Kontakt mit ihnen glücklich bist und fahre fort, ihnen Liebesenergie zu geben. Verbleibe in diesem Verhalten, bis du ein Gefühl der Sättigung spürst. Du kannst dies auch als Abrundung oder Fülle empfinden. Dieses Gefühl besagt, dass ihr euch gegenseitig mit eurer Liebesenergie «angefüllt» habt.

Sage nun den Zellen, dass du ihnen jetzt für ihr Wohlbefinden Lebensenergie (geg. auch Heilenergie) übertragen wirst, und beginne, indem du deine Konzentration auf die Zellen beibehältst, mit der Energieübertragung.

Schicke den Zellen nach der Energiebehandlung zum Abschluss noch einmal kurz deine Liebesenergie, damit sie sich wieder auf dich konzentrieren. Beende nun den Körperzellenkontakt mit den Worten: «Geliebte Körperzellen von ... , ich möchte mich nun von Euch verabschieden.»

Falls du weißt, dass du den entsprechenden Patienten wieder behandeln wirst, kannst du seinen Zellen einen weiteren Kontakt in Aussicht stellen. Dann sage ihnen: «Ich werde mich (Gegebenenfalls kannst du hier eine Zeitangabe hinzufügen wie beispielsweise in drei Tagen, einer Woche usw.) wieder mit Euch in Verbindung setzen. Ich danke Euch für die Annahme und Erwiderung meiner Gefühle. Ich liebe Euch!»

Damit beendest du den Kontakt mit den Körperzellen deines Patienten. Du lässt aber das Gefühl, welches dir der Zellenkontakt vermittelt hat, noch etwas in dir nachklingen, bevor du dich einer anderen Handlung zuwendest.

Bei der ersten Kontaktaufnahme mit den Körperzellen eines Patienten kann es passieren, dass die Zellen nicht so schnell reagieren. Habe dann Geduld und lasse nicht von deinen Bemühungen ab. Sei sicher, dass du Erfolg haben wirst.

Sollte es aber passieren, dass du nach einer Weile noch immer keinen Kontakt bekommen hast, beginne, wie oben beschrieben, mit den Körperzellen zu sprechen. Es kann sein, dass die Verbindung zustande gekommen ist, ohne dass du ihrer gewahr werden konntest, weil die Zellen nicht auf deine Liebesenergie reagiert haben. So etwas kann passieren, wenn die Zellen unsicher sind.

Du musst dir vorstellen, dass der Kontakt mit dir für die Körperzellen deines Patienten etwas vollkommen Neues und gleichzeitig Unerwartetes ist. Sie wurden nicht durch die Teilnahme an

- 56 -

einem meiner diesbezüglichen Seminare oder das Lesen dieses Buches auf die innere Verbindung mit einem Menschen vorbereitet. Sie haben nur die Möglichkeit, zu fühlen. Wenn dabei das Empfinden des Ungewohnten größer ist, als das Hineinspüren in die ankommende Liebesenergie und die innere Ansprache, so können sie auf den Kontakt nicht bewusst reagieren. In einem solchen Fall fahre fort, als hättest du das innere Bild der Zellen erhalten.

Du kannst die Körperzellen vor deinem inneren Auge nur dann sehen, wenn sie für die Verbindung mit dir offen sind und deine Ansprache gefühlsmäßig erwidern. Bei einem zweiten, oder spätestens dritten Kontakt, wird ihnen deine Liebesenergie so vertraut sein, dass sie darauf reagieren können. Dann wirst du auch das innere Bild von ihnen wahrnehmen können.

Wenn du kein inneres Bild von den Zellen erhalten hast, kann es natürlich auch an dir gelegen haben. In diesem Fall warst du dir vermutlich deiner Fähigkeit für die Kontaktaufnahme mit Körperzellen nicht sicher genug. Das heißt, du fühltest Zweifel an dem Gelingen deines Vorhabens. Ein zweiter oder anderer Grund kann sein, dass du nicht die notwendige Konzentration aufbringen konntest. Es kann auch sein, dass die Kraft deiner mentalen Vorstellung und, damit verbunden, deine Liebesenergie für die Zellen zu schwach war.

Lass dich gegebenenfalls durch ein erstes Misslingen nicht entmutigen und versuche, bei der nächsten Gelegenheit wieder Kontakt mit Körperzellen aufzunehmen. Verstärke dabei dein

Bemühen, dich in die Zellen hineinzuversetzen und die erforderliche Liebe für sie zu empfinden. Denke immer daran, dass der Impuls deiner Liebesenergie der Auslöser für den Zellenkontakt ist.

Es ist von Vorteil, einen zweiten Versuch mit derselben Person zu arrangieren, weil die Möglichkeit besteht, dass die erste Bemühung, mit ihren Körperzellen Kontakt aufzunehmen, bei diesen bereits eine Erfahrung hervorgerufen hat, welche die neue Kontaktaufnahme mit ihnen erleichtern könnte.

Der Gewinn durch den Körperzellenkontakt für die eigene Person, den Patienten und die Zellen

Der Kontakt mit Körperzellen ist ein Erlebnis ohnegleichen. Er lässt uns erfahren, dass selbst so winzige Wesen wie die Körperzellen auf Liebe reagieren und sie erwidern können.

Je öfter wir uns mit Körperzellen verbinden, sei es mit unseren eigenen oder denen von anderen Menschen, desto besser lernen wir ihre Gefühle kennen. Bei jedem neuen Zellenkontakt mit derselben Person können wir erleben, wie sich die Freude der Körperzellen bei der Begrüßung immer wieder und immer stärker äußert. Dasselbe gilt natürlich auch für den Kontakt mit unseren eigenen Körperzellen.

Aus der energetischen Verfassung unserer eigenen Körperzellen, die wir bei jedem Kontakt mit ihnen erkennen können, lernen wir, unseren Körper im Ganzen besser zu verstehen. Wir spüren, anfangs noch unbewusst, aber mit der Zeit immer offensichtlicher die Zusammenhänge zwischen unserer Ernährungs- und Lebensweise und dem Zustand unserer Körperzellen, bzw. unserer Organe oder unseres ganzen Körpers. Wir werden empfänglicher für die Anzeichen unseres Körpers und lernen sie richtig zu deuten und einzuschätzen.

Diese Erfahrungen lehren uns, wie wir mit unserem Körper umzugehen haben; was ihm gut tut, wie viel Bewegung er benötigt, wie wir ihn ernähren sollen, wie viel Belastung wir ihm zumuten dürfen, u.s.w. Wir bekommen Achtung vor unseren Körperzellen, und wir erfahren, dass auch sie ein Liebesbedürfnis haben und dass wir auch unseren Körper hin und wieder mit Liebe «bedenken» sollen.

Die Kontakte mit unseren eigenen Zellen vertiefen unser Körperbewusstsein und erweitern unseren geistigen Horizont. Aber nicht nur uns, auch unseren Körperzellen bringen sie neue Erfahrungen. Sie lernen dabei, dass ihnen, außer durch die Empfindungen ihrer Artgenossen, auch noch von anderer Warte aus Gefühle entgegengebracht werden können.

Die Erweiterung des «Empfindungshorizontes» ist, wie für jedes Lebewesen, so auch für unsere Körperzellen von Bedeutung. Jede Erfahrung, egal, wodurch sie hervorgerufen wird, bringt nicht nur uns, sondern auch jedes andere Wesen der Schöpfung, auf seinem Weg der Erkenntnis, den nicht nur jeder Mensch, sondern auch ein jedes Exemplar jeglicher anderen Seinsart, seiner Entwicklungsstufe entsprechend, zu gehen hat, weiter voran.

Den gleichen Gewinn wie unsere eigenen Zellen haben auch die Körperzellen der Patienten. Darüber hinaus bringt der Körperzellenkontakt dem Patienten den Vorteil, dass die in diesem Zusammenhang durchgeführte Energieübertragung wirkungsvoller ist, weil die Energie von den Zellen bewusst aufgenommen wird.

Weiß der Patient von dem Kontakt mit seinen Körperzellen, so kann der Therapeut über seine diesbezüglichen Erfahrungen mit ihm reden und ihm zu verstehen geben, dass auch seine Zellen für Liebe empfänglich sind. Wenn der Patient dafür offen ist, kann auch er lernen, sich mit seinen Körperzellen zu verbinden.

«Ich bin Göttliches Sein»

Der folgende Text ist als Einführung zu dem nächsten Kapitel gedacht. Es soll den Lesern, die noch nie etwas mit Energiebehandlungen zu tun hatten, das Vertrauen zu sich selbst geben, das sie für Energiebehandlungen brauchen.

Eine vielen Menschen bekannte Tatsache ist, dass jeder Teil der Schöpfung, so auch der Mensch, ein Teil Gottes ist. Sprechen wir von einem Teil Gottes, so geht es um einen Teil der Göttlichen Existenz. Die Göttliche Existenz ist das Dasein Gottes.

Der Begriff Göttliches Sein bezieht sich auf das Sosein Gottes. In diesem Text geht es darum, dass der Mensch (-und das trifft nicht auf jedes Wesen zu-) ein Teil des Göttlichen Soseins ist. Das ist auch der Sinn des Bibelwortes «... und machte ihn (den Menschen) zu Seinem Ebenbild.»

In dem Göttlichen Sein sind alle Eigenschaften Gottes enthalten. Im Menschen sind die Göttlichen Eigenschaften ebenfalls vorhanden, jedoch latent und, im Vergleich zu den Göttlichen Eigenschaften der vollständigen Gottesenergie, in einem kaum vorstellbar, winzigen Ausmaß. Wer seine Perfektion als Mensch erreicht und damit seinen menschlichen Zyklus vollendet hat, besitzt die Möglichkeit, seinen gesamten Anteil des Göttlichen Seins in seinem Denken und Handeln zur Wirkung kommen zu

- 62 -

lassen. Die anderen Menschen können, ihrer geistigen Entwicklung entsprechend, nur Teile ihres Göttlichen Anteils in sich wirken lassen.

Um das Gefühl in dir, selber ein Teil des Göttlichen Seins zu sein, zu vertiefen, beschreibe ich dir nachfolgend eine Visualisationsübung, die dir hilfreich sein kann.

Am besten sprichst du den nun folgenden Text langsam auf eine Kassette und spielst sie dir zum Durchführen dieser Visualisationsübung vor. Während der Aufnahme wartest du nach jedem Absatz eine Weile, damit du beim Abhören genügend Zeit hast, dich in jedes Bild zu vertiefen.

«Setze Dich mit gerader Wirbelsäule auf einen Stuhl oder nehme einen Meditationssitz ein. Schließe die Augen, entspanne Dich und atme gleichmäßig durch die Nase ein und aus. Zähle innerlich langsam rückwärts von neun bis null.

Siehe nun vor Deinem inneren Auge eine Quelle, die aus einem Berg hervorsprudelt. Vertiefe Dich in dieses und jedes weitere Bild! Auf dem erdigen Boden wird die Quelle zu einem Bächlein. Betrachte, wie sich das Wasser des kleinen Baches fort bewegt.

Siehe jetzt einen Teich. Auf ihm schwimmen Seerosen. Auf den floßartigen Seerosenblättern tummeln sich quakende Frösche.

Nun siehe einen Fluss. Betrachte das Schilf an seinen Ufern und die Enten, welche darin nisten. Verfolge den Fluss ein Stückchen und gehe mit dem Wasser mit.

Schaue Dir jetzt einen See an. Siehe, wie sich die Sonne in dem ruhenden Wasser spiegelt.

Nun betrachte einen hohen Wasserfall, der sich in einen reißenden Strom ergießt. Schau, wie der Strom dem Meer entgegeneilt und sich mit ihm vereinigt.

Betrachte das weite Meer. Rieche das Salzwasser und spüre die Kraft des Meeres. Sieh' wie die ankommenden Wellen an das Ufer schlagen, um sich dann sogleich wieder in das Meer hinausziehen zu lassen. Gehe mit in das offene Meer. Weit und breit nichts als Wasser und Himmel. Stell Dir die Tiefe des Meeresbodens vor.

Jetzt betrachte den wilden Ozean; die schier unbegrenzte Weite des Wassers in seiner mächtigsten Kraft. Höre das Dröhnen der riesigen Wellen des Ozeans. Kannst Du seine Tiefe erahnen? Welch riesige Wassermengen!

Stell' Dir nun das Grundwasser vor; endlose Wasserflächen im Inneren der Erde. Sieh auch die Wasseradern, die sich durch den Bauch der Erde graben.

Vergegenwärtige Dir nun all die Gewässer der Erde zusammen: alle Quellen, alle Bäche, alle Teiche, alle Seen, alle Flüsse, denke auch an die Kanäle, alle Wasserfälle, alle Ströme, alle Meere, alle Ozeane und alle inneren Wasser der Erde - . Versuche, Dir all diese Wassermengen gemeinsam vorzustellen. Du siehst, es ist kaum möglich.

Nun verlasse die Natur und gehe in eine Küche. Betrachte einen Wasserhahn. Schau zu, wie in der Öffnung des Wasserhahns ein Wassertropfen zum Vorschein kommt, sich langsam löst und herunterfällt.

Der Wassertropfen bist Du!

Die unvorstellbar große Wassermenge der ganzen Erde ist Gott. Du bist ein winzig kleiner Teil des unendlichen Gottes: Seiner Allmacht und Seiner Kraft, Seiner lebendigen Wahrheit und Weisheit und Seiner grenzenlosen Liebe. In dem Wassertropfen sind alle Eigenschaften des Wassers enthalten.

Verbinde Dich mit Deinem Ursprung! Tauche ein in das Meer der Göttlichkeit und spüre Deinen Anteil des Göttlichen Seins in Dir.

Energieübertragung

Eine Art der Energieübertragung für die eigene Person habe ich bereits in dem Kapitel „Anleitung für die Kontaktaufnahme mit den eigenen Körperzellen" erklärt. Hier will ich eine Art der Energiebehandlung für Patienten beschreiben.

Vor Beginn bringst du die Behandlung Gott dar und bittest Ihn um Seine Hilfe und Führung. Dann machst du dich zum Energiekanal. Das geschieht folgendermaßen:

Du sitzt oder stehst entspannt und schließt die Augen. Verbinde dich mental mit dem Universum und stelle dir vor, dass du dich ausdehnst, bzw. deine Aura sich ausdehnt. Versuche in diese Ausdehnung hineinzuspüren.

Wenn du dich mit geistiger Kraft auf eine Vorstellung im Bereich des Göttlichen Planes konzentrierst, so entsteht auch in Wirklichkeit etwas, was deiner Vorstellung entspricht. Stell dir vor, dass deine Energiekörper immer größer werden und ihre Energien immer feiner. Deine Aura weitet und weitet sich aus. Bleibe mit deinem Gefühl ständig an dieser Ausdehnung. Achte sorgfältig auf den Grad dieser Ausweitung. Wenn du spürst, dass die Energie deiner Aura fein genug ist, verbleibe mit deinem Gefühl in dieser Vorstellung. Fühle, dass du jetzt ein Kanal bist, der Energie aus dem Universum aufnehmen und auf Wesen übertragen kann.

- 66 -

Beginne nun mit der Energieübertragung. Schließe die Finger deiner rechten Hand zusammen und halte die Fingerspitzen über die kleine Öffnung des Sonnengeflechtchakras, zweifingerbreit über dem Bauchnabel. Der Abstand zum Sonnengeflechtchakra soll so groß sein, dass er dir eine bequeme Armhaltung erleichtert.

Stelle dir nun vor, dass du über dein oberstes Chakra, das Lichtchakra, welches sich über der Mitte Deines Kopfes befindet, aus dem Universum Lebensenergie aufnimmst. Sie fließt über den Chakrenkanal, in der Mitte deines Körpers, in dein Kehlkopfchakra und von dort aus (wenn du Rechtshändler bist) über die rechte Schulter in deinen rechten Arm und weiter in die Hand, bis in deine Fingerspitzen. Von dort aus überträgst du sie deinem Patienten.

Sprich nun innerlich, mit all deiner Konzentration, erfüllt von Göttlicher Liebe und indem du dich mit deinem Göttlichen ICH BIN in dir verbindest: «ICH BIN Göttliches Sein und übertrage jetzt diesem Menschen Lebensenergie.» (Anstatt „diesem Menschen" zu sagen, kannst du den Namen der entsprechenden Person nennen.)

Anstelle der Lebensenergie kannst du natürlich deinen Patienten auch mit Heil- oder anderer positiver Energie aufladen.[22]

---

[2] Ausführlich berichte ich darüber in meinem Buch „Chakarendiagnose, Chakrenbehandlung und Lichtkörperarbeit", das sich z.Zt. noch in Abeit befindet.

- 67 -

Die Bewegung der Energiestrahlen beim Aufladen und Ausleiten und die Regulierung der Zeitdauer der Behandlung

Licht- und andere Strahlen werden immer geradlinig dargestellt. Die Fortbewegung von Strahlen sieht zwar geradlinig aus, ist es aber nicht. Sie ist immer spiralförmig. Das gilt auch für die Energiestrahlen. (Im Grunde sind alle Strahlen Energiestrahlen.) Sowohl die Strahlen als auch die Spiralbewegungen sind jedoch so fein, dass sie wie eine gerade Linie erscheinen.

Beim Aufladen, wenn also die Energie in ein Chakra eindringt, geht die Spiralbewegung nach rechts. Es ist die gleiche Drehbewegung wie beim Hineinschrauben eines Gegenstandes in einen anderen, z.B. einer Schraube in ein Stück Holz oder eines Korkenziehers in einen Korken.

Beim Ausleiten, wenn also Energie entzogen wird, geht die Spiralbewegung nach links. Dies ist die gleiche Drehbewegung wie beim Herausschrauben.

Diese Tatsache hilft uns beim Erkennen der Regulierung der Zeitdauer einer Energiebehandlung; egal, ob es sich um ein Aufladen oder Ausleiten handelt.

Die Regulierung selber geht durch geistige Führung vor sich. Beim Aufladen mit einer Art kosmischer oder geistiger Energie gibt es nie ein Überladen oder ein Zuwenig an Aufladung, wie es, im Gegensatz dazu, beim Aufladen mit anderen Energiearten durch technische Geräte passieren kann.

Um die Regulierung zu erkennen, d. h. um verstehen zu können, wann eine Energieaufladung oder -Ausleitung beendet ist, nehmen wir als Anzeiger ein Pendel zu Hilfe. In diesem Fall benutzen wir zum Weiterleiten oder Entladen von Energie nicht, wie weiter oben beschrieben, die rechte Hand, sondern die linke. In der rechten Hand halten wir den Pendel.

Wenn wir nun, nach der entsprechenden Vorbereitung, während einer Behandlung innerlich sagen, dass wir mit Energie aufladen, beginnt sich, ohne unser Zutun, der Pendel rechts herum zu drehen. Sobald das Aufladen beendet ist, ändert sich die Pendelbewegung von der Rechtsdrehung in eine geradlinige Bewegung.

Beim Ausleiten von Energieblockaden oder negativen Energien dreht sich der Pendel links herum. Hört die Entladung auf, ändert sich auch hier die Drehbewegung in eine geradlinige.

Das Wissen um diese von der Natur gegebenen Eigenschaften beim Aufladen und Ausleiten von Energie ist äußerst praktisch, weil sich niemand mehr darum zu kümmern braucht, wie lange eine solche Therapie zu dauern hat. Die Behandlung hört auf, wenn der Patient das für ihn notwendige Maß von Energie bekommen hat, oder keine negativen Energien mehr zu entfernen sind. Wir können dies durch die Pendelbewegung über den Faden, an dem der Pendel hängt, in unseren Fingern fühlen. Das gibt uns die Möglichkeit, unsere Aufmerksamkeit voll und ganz der Energiebehandlung widmen zu können.

Die Drehung der Energiewirbel
im menschlichen Körper

Alle Energiezentren im menschlichen Körper sind Energiewirbel. Ihre Umdrehung ist bei allen nach rechts ausgerichtet. Durch bestimmte Beeinflussung von negativen Energien kann es zu einer Linksdrehung von Energiewirbeln kommen. Das kann z. B. passieren, wenn gleichzeitig verschiedene negative Energien in ein Energiezentrum einfließen.

Das Linksdrehen von Energiewirbeln, besonders wenn es sich dabei um große Energiezentren handelt, ist schädlich. Es führt zu Energieverlust und kann Gesundheitsstörungen hervorrufen. Wenn ich bei einer Chakrendiagnose feststelle, dass sich ein Energiewirbel links herum dreht, ist, wenn die Verdrehung schon geraume Zeit besteht, in dem Körperteil um das Gebiet dieses Energiezentrums herum immer ein Krankheitsbild festzustellen.

Beim Ausleiten von negativen Energien werden die Energiewirbel ebenfalls in die Linksdrehung gebracht. Darum müssen wir immer sofort nach dem Ausleiten als erstes die Energiewirbel in die natürliche Richtung zurückbringen. Zwar würde dies auch durch das nachfolgende Aufladen mit positiven Energien geschehen. Da man aber nie weiß, was im nächsten Augenblick passieren kann, (z. B. ein plötzlicher Telefonanruf, demzufolge aus wichtigen Gründen die Behandlung abgebrochen werden muss, oder gar ein Erdbeben, oder was auch immer) sollen die Energiewirbel stets noch vor der Aufladung in die Rechtsdrehung gebracht werden.

Die meisten Leser dieses Buches werden von dem obigen Thema nicht berührt, weil sie, wenn überhaupt, nur mit Energieaufladungen zu tun haben. Aus Gründen der Sicherheit wollte ich dieses Kapitel, das ebenfalls aus meinem Buch, Chakrendiagnose, Chakrenbehandlungen und Lichtkörperarbeit, stammt, hier übernehmen.

Übungen zur Stärkung
der Konzentration

Da das Zustandekommen eines Körperzellenkontaktes, wie schon erwähnt, von der Konzentrationskraft des Ausübenden abhängt, möchte ich denjenigen Lesern empfehlen, die beabsichtigen, mit Zellenkontakten, sei es an sich selber oder mit Patienten zu arbeiten, die nachfolgende Übung regelmäßig, und zwar möglichst täglich, durchzuführen.

Es kommt beim Zellenkontakt nicht nur auf allgemeine Konzentration, im Sinne von «Aufpassen» an, sondern es ist äußerst wichtig, sich weder durch eigene Gedanken noch durch Geräusche vom Umfeld oder Sonstigem ablenken zu lassen. Es könnte passieren, dass ein Zellenkontakt durch dererlei Störungen verhindert oder unterbrochen wird.

Die erste Übung stammt aus dem Programm eines von mir entwickelten Radiästhesie-Seminars. Bei der Radiästhesie kommt es noch aus anderen Gründen ebenfalls auf gute Konzentration und das Ausschalten von eigenen Gedanken an.

Zum Ausführen dieser Übung setzen wir uns wieder, wie wir es bei mentalen Arbeiten zu tun pflegen. Die Vorbereitung ist die gleiche wie im Kapitel weiter oben.

Vor unserem geistigen Auge stellen wir uns eine viereckige grüne Wiese vor. In jede Ecke dieser Wiese denken wir uns eine Blume. Wir beginnen mit der Ecke links oben und betrachten innerlich unverwandt die entsprechende Blume. Werden wir durch Gedanken oder ein anderes Bild abgelenkt, wenden wir uns sofort, rechts herum, der Blume in der nächsten Ecke zu. Gibt es wieder eine Störung, gehen wir zur nächsten Blume rechts unten. So verfahren wir bis zur Beendigung der Übung.

Die Dauer dieser Übung sollte etwa fünf bis zehn Minuten betragen. Nach oben sind jedoch zeitlich keine Grenzen gesetzt.

Die zweite Übung gilt der allgemeinen Konzentration. Sie stammt aus der Kinesiologie.

Wir nehmen beide Ohrenränder, jeweils am oberen Ohransatz, zwischen Zeigefinger und Daumen und stülpen den Rand eines jeden Ohres nach außen. So verfahren wir, indem wir an den Ohrrändern heruntergehen. An den Ohrläppchen angekommen, pressen wir diese leicht mit den Fingern, die wir dabei gleichzeitig heruntergleiten lassen.

Dies wiederholen wir fünf mal hintereinander. Das Ganze führen wir fünf mal am Tag durch, wobei der Zeitabstand zwischen den Übungen jeweils wenigstens einer halben Stunde betragen soll. Um eine therapeutische Wirkung zu erzielen, sind diese Übungen mindestens sechs Monate lang beizubehalten. Danach reicht die Übung einmal täglich aus.

Übungen zur Stärkung
der Liebesenergie

Vor ungefähr fünfzehn Jahren hatte ich begonnen, mich für Bücher über «Richtiges Sehen ohne Brille» zu interessieren. Zuerst las ich das Buch mit dem gleichnamigen Titel von Dr. Bates. Dem folgten verschiedene Bücher, mehr oder weniger bekannte, zu dem gleichen Thema.

Der Leser mag sich jetzt fragen: «Was haben denn die Augen, bzw. das richtige Sehen, mit Liebesenergie zu tun?» Nun, da ich an dieser Stelle darüber schreibe: Eine ganze Menge!

Die Fähigkeit und die Bereitschaft, bedingungslos lieben zu können, hängt auch von der richtigen Sichtweise ab. In diesem Fall nicht von der Sicht der Augen, sondern von der Sicht des Verstandes. Diese ist davon abhängig, wieweit der Verstand des Menschen bereit ist, den Kontakt mit seiner Seele zuzulassen. Die Erfahrungen der Seele werden durch ihren Zugang zu anderen Ebenen bereichert. Dadurch ist die Sicht der Seele mit spirituellem Wissen verbunden.

Lässt der Mensch den Kontakt zwischen seinem Verstand und seiner Seele nicht zu, und wird er zusätzlich von schlechten Beratern negativ beeinflusst, so ist es um seine Liebesfähigkeit schlecht bestellt. Um dies zu verändern, muss er lernen, auf sein

Inneres (seine Seele und sein Höheres Bewusstseinsein - ICH BIN -), aber auch auf seinen Schutzengel oder andere geistige Helfer, zu hören. Ist er dazu bereit und offen dafür, auf seine «Innere Stimme» zu achten, sie ernst zu nehmen und sich nach ihren Hinweisen zu richten, so wird die Sichtweise seines Verstandes verbessert und damit die Grundlage für die Fähigkeit, bedingungslos zu lieben, geschaffen.

Kommen wir nun zur ersten Übung zur Verstärkung der Liebesenergie in uns. Sie stammt aus einem der oben erwähnten Bücher für Augentraining. Ursprünglich ist sie eine Augenübung und sie ist auch als solche von guter (wenn auch vielleicht nicht ausreichender) Wirkung. Der weit größere Gewinn dieser Übung besteht, und dafür möchte ich an dieser Stelle ihrem Erfinder danken, in der Verstärkung der Liebesenergie und der damit verbundenen spirituellen Entwicklung. Diese Übung ist nicht nur in dem Augentraining, welches ich in meinem Institut "Institue for Natural & Spiritual Healing" lehre, mitenthalten. Ich stelle sie auch an den Beginn von verschiedenen anderen meiner Seminare, um die spirituelle Entwicklung meiner Schüler zu fördern.

Die Übung heißt: «DURCH DIE AUGEN ATMEN».

Wir beginnen die Übung, indem wir uns in den bekannten Sitz für mentale Arbeit begeben, uns entspannen, u.s.w. Die Augen sind geschlossen.

Wir stellen uns vor, dass wir nicht nur durch die Nase, sondern auch durch unsere Augen atmen. Beim Einatmen spüren wir körperlich, dass die Augen leicht nach innen gehen. Sollte dabei ein unangenehmes Gefühl in den Augen entstehen, so ist das ein Zeichen für Mangel an Lockerheit. Bei richtiger Entspannung passiert so etwas nicht. Gleichzeitig stellen wir uns beim Einatmen vor, dass wir durch die Augen Göttliche Liebesenergie aufnehmen.

Nach dem Einatmen halten wir kurz die Luft an und stellen uns währenddessen vor, dass die Göttliche Liebesenergie sich in all unseren Körpern und Energiezentren ausbreitet und manifestiert.

Beim Ausatmen denken wir, dass wir auch mit den Augen ausatmen. Dabei fühlen wir körperlich, dass die Augen wieder leicht nach außen zurückgehen. Gleichzeitig sagen wir innerlich: «Ich gebe mich in die Welt.» Das heißt, du bist jederzeit bereit, zu handeln und zu wirken, wo immer du gebraucht wirst. Du stellst dich damit in den Dienst der geistigen Welt. Bevor du erneut einatmest, verharrst du in dem Gefühl der Hingabe und strahlst gleichzeitig aus all deinen Körpern und Energiezentren Göttliche Liebe in die Welt.

Diese Übung habe ich vielen Schülern beigebracht. Sie wurde bisher immer von allen besonders gerne ausgeführt. Ich selber empfinde dabei, und zwar besonders bei dem Satz: „Ich gebe mich in die Welt" so viel Süße und Innigkeit, so viel Ausstrahlen von Liebe, dass sich meine beiden Mundwinkel stets steil nach oben ziehen und ich mich dabei unsagbar glücklich fühle.

- 77 -

Die zweite Übung zu Verstärkung der Liebesenergie kannst du ohne gesonderten Zeitaufwand immer dann durchführen, wenn du dich in der Gesellschaft unbekannter Leute befindest und nichts besonderes zu tun hast; wie z.B. im Bus, in der Bahn, im Wartezimmer, u.s.w. Sie geht folgendermaßen vor sich:

Du schaust auf das Herzchakra irgendeines dir unbekannten Menschen. Natürlich musst du dies so tun, dass sich die entsprechende Person nicht dadurch belästigt fühlt. Das heißt, sie soll nicht merken, dass du sie «ins Visier nimmst». Während du auf ihr Herzchakra blickst, sagst du innerlich und mit der Art der Anrede, die du gewöhnlich gebrauchst, wenn du mit Gott sprichst: «Geliebter Gott (Vater, Heiland, Christus, Krshna, Chu Allah, Sai Baba, oder wie auch immer), ich begrüße Dich im Herzen dieses Menschen (dieses Mannes, dieser Frau, dieses Kindes; je nach dem, wen du gerade ansiehst).

Du schaust zwar auf das Herzchakra, in der Mitte der Brust, neben dem Herzen, sagst aber Herz, weil man das Herzchakra als das geistige Herz bezeichnen kann, und weil das Wort Herz, von Urzeiten her, für den Menschen eine bestimmte Aussage hat.

Während du innerlich die Begrüßungsworte sagst, visualisierst du in dem Herzchakra ein Bild Gottes in der Art, wie es dir vertraut ist. Wenn deine Beziehung zu Gott der Göttlichen Energie gilt und du dir kein bestimmtes Bild von Gott machst, kannst du strahlendweißes Licht visualisieren.

Fühle in diese Begrüßung hinein und sage dann, an Gott in der von dir betrachteten Person gerichtet: «Ich liebe Dich!» Sende dabei aus deinem Herzchakra Liebesenergie in das Herzchakra des anderen Menschen. Wenn dir die Sieben Strahlen vertraut sind, kannst du die Strahlen der Liebesenergie, die von Herz zu Herz fließen, rosafarben sehen. Ansonsten visualisiere sie als helle Lichtstrahlen. Empfinde dieses Ausstrahlen von Liebe und verharre darin, solange du magst, oder es dir möglich ist.

Du kannst diese Übung natürlich auch mit dir bekannten Menschen durchführen. Der Sinn, es mit Fremden zu tun ist der, dass wir auch in Leuten, mit denen wir nichts zu tun haben, Gott erkennen und sie als einen Teil Gottes sehen sollen. Wenn dir beim Umschauen nach einer Person für die Übung jemand nicht sympathisch ist oder komisch aussieht, so ziehe diesen Menschen vor. Auch noch, wenn es dich Überwindung kosten sollte; oder gerade dann. Dabei lernst du, alle Menschen als gleichwertige Teile Gottes zu betrachten.

Wenn du magst, kannst du diese Übung auch mit Tieren oder Pflanzen machen. (Wobei es bei Pflanzen vielleicht nicht immer leicht ist, ein entsprechendes Energiezentrum zu finden, das als Ersatz für das Herzchakra dienen kann.) Auch Pflanzen sind ein Teil Gottes und auf Liebe ansprechbar, und auch sie haben Energiezentren. Lasse dich einfach von deinem Gefühl dahin leiten, wo ein passendes Energiezentrum zu finden ist. Bäume sind sehr gute Partner für diese Übung. Sie sind besonders sensibel und besitzen starke Energie. Du kannst bei ihnen leicht spüren, dass sie dir ebenfalls Liebesenergie geben.

Führe diese Übung aus so oft du die Möglichkeit dazu hast. In der ersten Zeit wirst du nicht immer daran denken, aber schon bald - besonders, wenn du es dir vornimmst, wird sie dir in den passenden Momenten einfallen. Die erste Übung sollte, wenn möglich, jeden Morgen, gleich nach dem Aufwachen, durchgeführt werden.

Menschen, diese Übungen regelmäßig ausführen, werden nach einiger Zeit (manche schon nach ein paar Wochen, andere vielleicht erst nach ein paar Monaten) bemerken können, dass sie liebevoller mit ihrer Umwelt umgehen, dass sie für andere Personen mehr Verständnis aufbringen und dass sie leichter verzeihen können. Sie werden bemerken, dass sie plötzlich einen besseren Durchblick im Leben und auf spirituellem Gebiet haben und dass sie immer öfter auf ihre Innere Stimme hören. Sie werden ihre Scheinbedürfnisse abbauen und die Bedürfnisse ihrer Herzen entdecken. Sie werden der Geistigen Welt näher und dabei noch stärker mit der Erde verwurzelt sein, als zuvor.

Nachwort

Jede Realität, und auch jede sogenannte Realität, ist abhängig von dem Wissen und Verständnis des Betrachters. Umgekehrt ist jeder Mensch abhängig von der Art seiner Betrachtung der Realitäten. Das gilt auch für die Realität des Körperzellenkontaktes.

Wem es möglich ist, die Ketten der Gebundenheit an die physische Ebene zu sprengen und in die Realität der bedingungslosen Liebe einzutauchen, wer versteht, dass alles, was existiert, selbst das kleinste Teilchen einer Organelle, ein Teil des Göttlichen Ganzen ist und damit die Möglichkeit in sich trägt, Liebe zu empfangen und Liebe zu geben, dem wird sich vor seinem inneren Auge das Bild der Körperzellen zeigen. Ein solcher Mensch vermag es, den Zellen Liebe zu übermitteln, ihre Liebe anzunehmen und ihre Gefühle zu erkennen.

Im Sommer 1999 hielt ich mein erstes Körperzellenkontakt-Seminar. Es war ein Ferienseminar in Griechenland. Das Seminar fand in ganz kleinem Rahmen, mit nur drei Schülern, statt. Sie hatten zuvor an meinem Seminar für Energiebehandlung und Chakrenbalance teilgenommen, was eine gute Vorübung für das Seminar für die Kontaktaufnahme mit Körperzellen war.

Die Schüler hatten bereits therapeutische Erfahrungen und verfügten über eine gute Portion Selbstvertrauen und Sicherheit. So ist es nicht verwunderlich, dass der erste Versuch, mit den Körperzellen von Patienten Kontakt aufzunehmen, bei allen erfolgreich war.

Alle drei Schüler waren sich, wie sie mir nach dem Seminar mitteilten, darüber einig, dass der erste Kontakt mit Körperzellen für sie ein unvergleichbar schönes und bereicherndes Erlebnis war.

Für mich bestätigte sich mit diesem ersten Seminar meine Erwartung, dass es den Menschen, die einen Kontakt mit Körperzellen herstellen möchten und die über die erforderliche Liebesenergie verfügen, möglich ist, eine solche Verbindung zustande kommen zu lassen.

Ich bin sicher, dass es vielen Lesern ebenfalls - spätestens nach einem Seminar - möglich sein wird, Kontakte mit Körperzellen herzustellen.

Leser, die sich für die Teilnahme an einem Seminar für Körperzellenkontakte interessieren, haben die Möglichkeit, über mein Institut, INSTITUTE FOR NATURAL & SPIRITUAL HEALING, Smolenski 8, GR - 11472 Athen, Tel.: 00301-363 15 69, Mob.: 00309-51 57 33, Informationen über solche Seminare zu erhalten.

Epilog

Ich weiß nicht, ob es der Körperzelle möglich ist, sich als selbstständiges Wesen zu betrachten. Ich jedenfalls betrachte sie als solches. Ich bewundere ihre unermüdliche Schaffenskraft und all die Arbeiten, welche die Organellen in ihrer Winzigkeit ausführen; und das umso mehr in Anbetracht der Abhängigkeit von ihrer Umwelt. Ich liebe sie wegen ihrer Bereitschaft, Liebe anzunehmen und zu erwidern.

Wollen wir sie einmal mit dem Menschen vergleichen: Auch er ist ein selbstständiges Wesen und auch er ist von seiner Umwelt abhängig, von der Gesellschaft und der Regierung. Er ist abhängig von der Natur und den Planeten, sogar von dem Wetter. Vor allem aber ist er abhängig von den Begrenzungen, die er sich selber auferlegt. Er hat beinahe unbegrenzte Möglichkeiten, aber er ahnt und sieht sie nicht. Darum kann er sie auch nicht leben. Ich liebe ihn, auch wenn es ihm oft an Bereitschaft fehlt, Liebe anzunehmen und (oder) sie zu erwidern.

Ich weiß nicht, ob sich die Körperzelle ihrer Möglichkeiten bewusst ist; aber sie lebt sie. Es entspricht ihrem Rahmen, kollektiv zu leben. Dem Rahmen des Menschen entspricht es nicht, aber auch er lebt kollektiv; größtenteils.

Ich höre jemanden sagen: «Aber die Körperzelle kann sich nicht paaren!» Oh nein, Sie paart sich nicht! Um sich fortzupflanzen, teilt sie sich. Sie bringt ihre ganze Energie auf, um aus sich allein einem weiteren Wesen das Leben zu schenken.

«Ich liebe Dich Körperzelle! Ich liebe Dich Mensch! Ich liebe Dich, Erde und jedes Wesen auf Dir! Ich liebe Dich, unbekanntes Wesen auf einem fremden Planeten! Ich liebe Dich Stern! Ich liebe Dich, Wind! Ich liebe Dich, Atem! Ich liebe Dich, Alles! Ich liebe Dich, Nichts! Ich liebe Dich, Gott in Allem! Ich liebe Dich, Gott in mir!»

Anhang

Eine wissenschaftliche Betrachtung menschlicher Körperzellen

Die Wissenschaft bezeichnet die Zelle als die kleinste lebende Einheit. Man unterteilt die Zellen in Eukaryonten und Prokaryonten. Die Eukaryonten haben einen Zellkern und sind wesentlich größer als ihre zellkernlosen Genossen.

Alle menschlichen Körperzellen sind Eukaryonten. Da gibt es Bindegewebszellen, Muskel- und Epithelzellen, Drüsen-, Nerven-, Ei- und Samenzellen. Die verschiedenen Zellarten unterscheiden sich in Größe, Gestalt, Struktur und Lebensdauer. Die Samenzellen gehören zu den kurzlebigsten und die Nervenzellen zu den langlebigsten Zellen des menschlichen Körpers.

Mit Ausnahme der roten Blutkörperchen bestehen alle menschlichen Zellen aus der Zellmembran, dem Zellplasma (Zytoplasma), dem Zellkern (Nucleolus) mit Kernmembran und Zellkörperchen, sowie den weiteren Zellorganen (Organellen).

Die Zellmembran ist die äußere Hülle der Zellen; eine Plasmahaut (Plasmalemma), die acht bis zehn Nanometer dick ist und aus einer doppelten Protein-Phospholipid-Schicht besteht. Auf ihr befinden sich Eiweißnoppen, die eine torartige Funktion ausüben. Sie regeln durch Öffnen und Schließen den Verkehr von Stoffen durch die Membran. Sauerstoff-, Kohlendioxyd- und andere kleine Moleküle können die Zellmembran eignstän- dig passieren. Andere Stoffe wie z.b. Natrium- und Kaliumio- nen oder Glukose benötigen Energie, um die Zellmembran zu durchdringen.

Das Zellplasma besteht aus Eiweißstoffen (Proteinen und Prote- iden), Kohlenhydraten, fettartigen Stoffen (Lipiden) und Nuc- leinsäuren. In ihm befinden sich die Organellen. Sie verrichten die unterschiedlichsten Arbeiten, z.B. stellen sie Produkte her, die sie für den Transport verpacken und nehmen organische Stoffe auf, die sie zerkleinern und verarbeiten. Zellfremde ein- gedrungene Substanzen können von der Zelle abgekapselt und damit für sie unschädlich gemacht werden.

Tote und verbrauchte Zellen werden von anderen Zellarten (Phagozyten) einverleibt und von deren Organellen entsorgt. Das Einverleiben (Phagozytose) geht folgendermaßen vor sich: Neben den zu verschlingenden Stoffen oder Eindringlingen bil- det die Zelle in ihrer Membran eine Einbuchtung. Dadurch wer- den Fremdkörper und Stoffe umzingelt und schließlich in das Zellinnere befördert. Dort werden sie verarbeitet oder zerstört.

Die Aufnahme flüssiger Stoffe heißt Pinozytose und geht in gleicher Weise vor sich. Die Phago- und Pinozytose fallen unter die Rubrik Endozytose. Im Gegensatz dazu gibt es die Exozyto- se, bei der bestimmte Stoffe, wie z.B. Schlacken, aus der Zelle herausbefördert werden.

Die größte Organelle in einer menschlichen Zelle ist der Zellkern. Er ist die zentrale Schaltstelle der Zelle und enthält alle Informationen, die für ihre Funktionen, inklusive der Vermehrung, benötigt werden. In ihm befindet sich das Zellkörperchen, welches die Herstellung des zelleigenen Eiweißes kontrolliert.

Die Chromosomen bilden die Hauptbestandteile des Zellkerns. In einer menschlichen Zelle befinden sich jeweils sechsundvierzig Chromosomen, mit Ausnahme der Keimzellen, mit nur dreiundzwanzig Chromosomen. In den Chromosomen sind die genetischen Informationen gespeichert. Träger dieser biochemisch verankerten Erbanlagen ist die DNS (Desoxyribonucle-insäure), international DNA genannt.

Der eigentliche Chromosomkörper liegt in einer durchsichtigen Hüllmasse, der Matrix. Er ist ein schraubenförmig gewundener Faden (Chromonema), auf dem sich kugelförmige Auflagen (Chromomeren) befinden. Die besonderen Eiweißbausteine der Chromosomen, Histone und die DNS, bilden das Chromatin. Histone (Nucleoproteide), mit DNS umwickelt, bilden ein Nucleosom. Die Bausteine der DNS sind die Nucleotiden, von denen je eine Nucleinbase aus Adenin, Thymin, Cytosin, Gutamin oder Uraxil, einem Zuckermolekül und einer oder mehreren Phosphorgruppen besteht.

Die für die Bereitstellung von Energie zuständigen Organellen sind die Mitochondrien. Sie sind von einer Doppelmembran umgeben, wovon die innere stark gefaltet ist. Dadurch kann ihre Oberfläche vergrößert werden. An den Falten hängende Eiweiße, Enzyme, wirken als Katalysator und beschleunigen den chemischen Abbau von Kohlenhydraten und Fettsäuren. Durch den Spaltungsvorgang entsteht Energie, die gespeichert wird.

Der Anteil der Mitochondrien in einer Zelle entspricht ihrem Energieverbrauch. In den Leberzellen, die viel Energie verbrauchen, machen die Mitochondrien etwa zwanzig Prozent des Zellvolumens aus. Sie können sich, im Gegensatz zu anderen Zellorganen, selber reproduzieren. Diesbezüglich wird jedes Mitochondrium von zirkulär angeordneten DNS-Molekülen kontrolliert und nicht vom genetischen Material des Zellkerns.

Die Mitochondrien bilden, gegenüber anderen Organellen, eine weitere Ausnahme bei der Zellteilung. Es kann vorkommen, dass sämtliche Mitochondrien eines Organismus nur von der Mutter und nicht, wie bei den Kern-DNS, von beiden Elternteilen abstammen.

Für die Eiweißsynthese in der Zelle sind die Ribosomen zuständig. Im Zytoplasma verteilt, reihen sie sich als winzige Kugeln an ein Membransystem innerhalb der Zelle, dem endoplasmatischen Rediculum, auf. Dieses ist einerseits an dem Aufbau großer Moleküle wie Fette, Proteine und Kohlenhydrate beteiligt, andererseits trennt es von den neu produzierten Molekülen diejenigen, die abtransportiert werden sollen, von denen, die vom Zytoplasma benötigt werden.

Das endoplasmatische Rediculum befindet sich nahe der Kernhülle und besteht aus einer vielfach gefalteten Membran mit einem zistenartigen Innenraum. Dieser estreckt sich von dem pernuclearen Raum (Spaltenraum zwischen den Kernhüllen) bis zur Zelloberfläche. An der Zytoplasmaseite des endoplasmatischen Rediculum (eR) werden Eiweiße produziert, die in den Innenraum gelangen und von dort aus hinausbefördert werden.

Eine andere Aufgabe des eR besteht in der Umhüllung von Verdauungsenzymen und anderen hochaktiven Proteinen, zum Schutz der übrigen Bestandteile der Zelle. Es gibt eR mit glatter und mit rauer Oberfläche, die jeweils unterschiedliche Funktionen haben.

Die Ribosomen enthalten Ribonucleinsäure (RNS) und Aminosäureketten. Die meisten biochemischen Reaktionen in der Zelle werden von Proteinen gesteuert, die gleichzeitig das Baumaterial der Zelle abgeben. Sie unterscheiden sich durch die Reihenfolge ihrer Aminosäuren, die wiederum von dem Code der Chromosomen-DNS festgelegt ist, der ihre Produktion steuert.

Die Eiweißsynthese geht folgendermaßen vor sich: Zuerst wird die DNS eines Gens im Zellkern in RNS kopiert und in das Zytoplasma eingeschleust. Dort wird sie von Ribosomen und Enzymen in die entsprechende Aminosäurenfolge des gewünschten Proteins umgesetzt. Drei verschiedene RNS-Arten sind an diesem Vorgang beteiligt: Die Messenger-RNS liefert, entsprechend der Vorgabe der DNS, den Code für die Aminosäuresequenz. Die Transfer-RNS (tRNS) transportiert die benötigten

Aminosäuren. Die ribasonale RNS (rRNS) wird zu Teilchen verbunden, welche die Aminosäuren zusammenhalten.

An der Ribosomenoberfläche befinden sich drei Ausstülpungen, Slots genannt. Während die codierten Folgen die Aminosäuren verbinden, um das Eiweiß zu bilden, hält ein Slot die mRNS und die beiden anderen Slots die tRNS.

In der Nähe des Zellkerns befindet sich der Golgi-Apparat; ein Stapel zusammenhängender Membrane. Dort findet die Endphase der Eiweißherstellung und die Umhüllung der neusynthesierten Eiweiße statt. Außerdem werden dort, wie im endoplasmatischen Retikulum, zwei Organellenarten gebildet: die Lysosomen für die Verdauung in der Zelle und die Peroxysomen für die Zellteilung. Beide Organellen werden wegen ihrer hochwirksamen Substanzen, Enzyme und Sauerstoff, die sonst die Zelle zerstören würden, umhüllt.

Alle Zellen haben ein volles Arbeitsprogramm zu bewältigen. Hier gibt es keinen Achtstundentag. Teilweise sind sie von gutfunktionierender Zusammenarbeit mit anderen Zellen abhängig. Einzeln betrachtet ist jede Körperzelle selbstständig. Im Bedarfsfall jedoch schließen sich mehrere Zellen zusammen, um eine bestimmte Arbeit verrichten zu können.

Die Tätigkeiten der Zellen im menschlichen Körper sind äußerst vielseitig. Eine der wichtigsten Aufgabenbereiche ist die Phagozytose (das Einverleiben), die bereits weiter oben erläutert wurde. Sie dient den unterschiedlichsten Zwecken. Die Ernährung der Zelle, das Vertilgen körperfremder Eindringlinge, wie z.B. Bakterien, und die Entsorgung verbrauchter Körperzellen sind nur drei Beispiele hierfür.

Ganz besonders vielseitige Aufgaben hat die Leber zu bewältigen. Pardon! Ich meine natürlich die Leberzellen (Hepatozyten). Im Ganzen betrachtet ist zwar die Leber das Organ, die Arbeiten verrichtet jedoch jede einzelne der unzähligen Leberzellen mit ihren Organellen. Die Leberzellen sind an mehr als fünfhundert verschiedenen Stoffwechselvorgängen beteiligt. Da werden Nahrungsstoffe aufgenommen, verarbeitet, umgewandelt und zum Teil gespeichert. Giftstoffe werden in unschädliche Abfallprodukte verwandelt und Gallensaft wird hergestellt. All das und vieles mehr haben die Leberzellen zu bewältigen.

Erwähnt sei noch, dass die Vermehrung der menschlichen Körperzellen durch Zellteilung erfolgt.

Das Dasein der Körperzellen endet, wenn sie gealtert und nicht mehr leistungsfähig sind, wenn sie durch Krankheiten im menschlichen Körper oder durch schädliches Einwirken von außen vernichtet werden oder wenn ihre Sauerstoffzufuhr ausbleibt, d.h. letztendlich, wenn der Mensch stirbt. Das Leben der Körperzellen im Einzelnen ist genauso vom Sauerstoff abhängig wie das Leben des Menschen im Ganzen.

Die eigentliche Lebensdauer der verschiedenen Körperzellen des Menschen ist ebenso unterschiedlich wie die Lebensdauer der verschiedenen Lebewesen auf der Erde.

Alles wiederholt sich. Wie im Großen - so im Kleinen!

Die oben genannten Beispiele von verschiedenen Tätigkeiten der Organellen geben bereits einen Eindruck in die Vielfältigkeit des Innenlebens einer Körperzelle. Sie zeigen uns, dass jede unserer Zellen ein Wesen ist, das sich selbst erhalten muss, das Aufgaben für seine Umwelt zu bewältigen hat und gleichzeitig für das Wohlbefinden des Menschen im Ganzen mitverantwortlich ist.

Wichtig ist, dass der Mensch sich der Verantwortung und Verpflichtung gegenüber seinen Körperzellen bewusst wird und ihnen die notwendige Achtung, Fürsorge, Unterstützung und Liebe zukommen lässt.

Literaturnachweis

«Die Augen»
John Selby, Rowohlt Taschenbuch Verlag GmbH, 1987

«Ein Schritt über die Schwelle»
Dorothea Gerardis-Emisch, Kyveli Verlag, Athen, April 1998
(in griechischer Sprache)

«Chakrendiagnose, Chakrenbehandlung und Lichtkörperarbeit»
Dorothea Gerardis-Emisch (noch nicht erschienen)

**«Die Sicht der Seele - Ein Lehrbuch für Ganzheitliches Sehen
und bessere Augen- und Gehirnfunktion»**
Dorothea Gerardis-Emisch (noch nicht erschienen)

Über die Autorin

Dorothea Gerardis-Emisch wurde 1943 in Berlin geboren. Aus familiären Gründen lebt sie seit 1975 vorwiegend in Athen.

Von ihrem ersten Beruf her ist sie Komponistin. Obwohl sie Deutsche ist, wurden ihr Name und ihr musikalisches Werk in das von dem griechischen Musikverlag Nakas 1995 herausgegebene Lexikon, «Griechische Komponisten von der Antike bis zur Neuzeit», aufgenommen.

Ihr Interesse galt darüber hinaus der Heilung von Körper, Seele und Geist. Von 1993 bis 1994 studierte sie alternative Therapien und legte 1994 in Berlin die staatliche Heilpraktikerprüfung ab. Seit Anfang 1996 arbeitet sie in Athen als Therapeutin alternativer Medizin, Geopathologin und Dozentin für die von ihr entwickelten Seminare. 1996 hatte sie bei einem ökologischen griechischen Rundfunksender eine eigene wöchentliche Sendung über mehrere Monate zum Thema alternative Therapien und Geopathologie. 1998 gründete sie in Athen ihr Institut, INSTITUTE FOR NATURAL & SPIRITUAL HEALING. Im gleichen Jahr erschien ihr esoterischer Roman EIN SCHRITT ÜBER DIE SCHWELLE in griechischer Übersetzung beim Kybeli-Verlag in Athen. Zur Zeit schreibt sie neben ihrer Arbeit als Therapeutin, Geopathologin und Dozentin Sachbücher zu diesen Themen.

Aktuelle Bücher aus dem G. Reichel Verlag

Schlüssel zum göttlichen Selbst
Der aufgestiegene Meister in Dir
von Joanna Cherry,
214 Seiten, 14,5 x 21 cm
ISBN 3-926388-45-5   EURO 15,25

Die Autorin lässt uns in Neuland vorstossen, von dem wir bisher keine Vorstellung hatten und gibt uns ein Gefühl von unserem wirklichen Wert und unserer wirklichen Grösse.

Karma auflösen

von Joanna Cherry,
280 Seiten, 14,5 x 21 cm, broschiert
ISBN 3-926388-47-1   EURO 15,24

Willst Du Dich vom Karma vergangener Leben und von gegenwärtigen Verstrickungen befreien? Willst Du ein völlig neues Leben mit unbegrenzten Möglichkeiten?

Der Kurs zum Selbst
In Wahrheit und Liebe von Babaji
Ein wunderbarer 24-Wochen Kurs!
von Roger G. Lanphear
168 Seiten., 14,5 x 21 cm,
ISBN 3-926388-35-8   EURO 13,30

G. Reichel Verlag, Reifenberg 85, D-91365 Weilersbach, Tel. 09194-8900, Fax 09194-4262
Internet: www.reichel-verlag.de   E-Mail: info@reichel-verlag.de

Das Lebenselixier
von Edward Bulwer-Lytton, Übersetzung aus dem Englischen, 440 Seiten geb., 14 x 20,5 cm
ISBN 3-926388-50-1　　　　　　　　EURO 15,24

Mystischer Roman um ein geheimnisvolles Lebenselixier.

Die Zauberformel des Wünschens
Mit vier Schlüsseln zur Entfaltung
von Vernon M. Sylvest aus dem Amerikanischen
184 Seiten., 14,5 x 21 cm,
ISBN 3-926388-53-6　　　　　　　　EURO 15,24

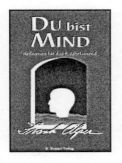

Du bist MIND
Heilweisen für das 3. Jahrtausend
von Frank Alper, aus dem Amerikanischen, 216 Seiten, geb., 14 x 20,5 cm, ISBN 3-926388-52-8　　EURO 15,24

Die Kraft unserer Gedanken erschafft unsere Muster von Gesundheit und Verhalten. Frank Alper gibt Hinweise, wie man seine unbewußten Programme verändern kann, um gesund zu werden und zu bleiben.

Der Ruf der Seele
von Josiane Antonette,
Übersetzung aus dem Anerikanischen,
112 Seiten, 14,5 x 21 cm
ISBN 3-926388-51-X　　　　　　　　EURO 10,74

G. Reichel Verlag, Reifenberg 85, D-91365 Weilersbach, Tel. 09194-8900, Fax 09194-4262
Internet: www.reichel-verlag.de　　E-Mail: info@reichel-verlag.de